OBSERVATIONS

SUR LA MARCHE A SUIVRE

DANS

L'ENSEIGNEMENT DE LA GÉOGRAPHIE

AUX SOURDS-MUETS

OBSERVATIONS

SUR LA MARCHE A SUIVRE

DANS

L'ENSEIGNEMENT DE LA GÉOGRAPHIE

AUX SOURDS-MUETS

PAR

A. LEGRAND

PROFESSEUR A L'INSTITUTION NATIONALE DES SOURDS-MUETS DE PARIS

« L'instruction doit commencer par une
observation réelle des choses et non par une
description verbale. »

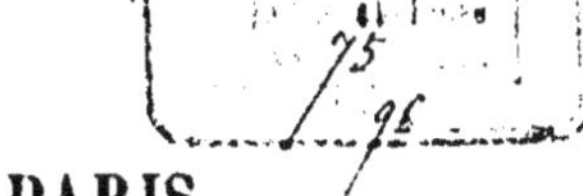

PARIS

GEORGES CARRÉ, ÉDITEUR

3, RUE RACINE, 3

1895

INTRODUCTION

Appelé à présenter un travail sur l'enseignement des sourds-muets, nous avons arrêté notre choix sur la première année d'étude de la géographie (1). Bien que le programme des matières à enseigner, en usage à l'Institution de Paris, soit suffisamment complet, il nous a semblé qu'il y avait encore quelques progrès à accomplir dans la façon de l'interpréter. D'autre part, nous nous sommes trouvé dans des circonstances particulièrement favorables pour étudier de près cette question.

En effet, attaché comme répétiteur, en 1890, à une section de cinquième année (M. Dupont étant professeur), nous avons pu voir appliquer plus rigoureusement qu'on ne l'avait fait jusqu'ici la méthode intuitive à l'enseignement géographique. Chargé de la direction d'une classe l'année suivante, nous avons expérimenté à notre tour un procédé dont nous avions déjà contrôlé les bons résultats. Nous ne pouvons que nous féliciter d'avoir profité de l'expérience et des conseils d'un homme à la compétence duquel des voix plus autorisées que la nôtre ont maintes fois rendu justice. Et nous nous empressons de déclarer que pour plusieurs des

(1) L'enseignement géographique, à l'Institution de Paris, est donné dans les quatre dernières années d'études. La durée de la période scolaire est de 8 années.

leçons qui figurent dans la partie pratique de notre travail, nous nous sommes inspiré du cours de M. Dupont.

L'enseignement de la géographie semble de prime abord ne présenter aucune difficulté, aussi bien chez les entendants que chez les sourds-parlants. Et c'est en se conformant à cet ordre d'idées qu'on l'a donné de tout temps d'après la méthode des définitions. Ce n'est que tout récemment qu'on a cherché s'il n'était pas possible de mieux faire. Aujourd'hui, cette méthode est condamnée, du moins en principe ; si elle a conservé quelques adhérents chez les membres de l'enseignement primaire, nous croyons pouvoir affirmer — tout en ne les approuvant pas — qu'ils sont un peu excusables.

Les jeunes entendants, en effet, arrivent à l'école avec une grande somme de connaissances touchant la géographie. Ils savent reconnaître un fleuve, une rivière, une île ; les noms de commune, de canton... leur sont familiers. On leur a parlé des divers pays de l'Europe, de leurs formes de gouvernement. Il est vrai que tous n'ont pas les mots nécessaires pour bien rendre leurs pensées, mais les idées sont là ; rien de plus simple que de leur en fournir l'expression.

Chez nos élèves au contraire, la connaissance géographique est nulle. L'isolement où les condamne leur infirmité les prive « du premier et du plus puissant mobile de perfectionnement de l'espèce humaine: le commerce de leurs semblables ». Jusqu'à leur entrée à l'Institution, « obligés d'entendre parler par les mains, la société des êtres parlants n'est pour eux qu'une solitude. » (Itard.)

Or, puisque nous leur avons rendu la parole, nous pouvons, en ce point comme en beaucoup d'autres, réparer le mal causé par cet isolement. Nous nous servirons avec eux des moyens qui ont permis à leurs camarades mieux doués d'arriver à l'école avec des notions de géographie si diverses. Nous les mettrons en présence de la nature et nous profiterons toujours des faits acquis, connus, pour entrer dans l'inconnu. Nous écarterons les textes et les définitions des traités de géographie, que nos élèves pourraient évidemment apprendre par cœur mais qu'ils ne comprendraient certainement pas. Nous procéderons enfin par la méthode intuitive dans l'étude de cette science nouvelle en n'oubliant pas que notre enseignement présente un double but: « Le maître doit se proposer d'enseigner à ses élèves un objet déterminé ; mais il doit se proposer aussi de développer l'intelligence des élèves et d'augmenter chez eux la connaissance de la langue nationale (1). »

Avant de terminer, disons un mot sur la marche que nous avons suivie.

Nous donnons tout d'abord un aperçu historique de la part réservée à la géographie dans l'instruction publique et dans notre pédagogie spéciale.

La méthodologie vient ensuite. Nous avons négligé, dans cette étude, les longues discussions théoriques ; nous nous sommes placé de préférence sur le terrain pratique, raisonnant sur les leçons présentées à nos élèves et qui ont été profitables même pour les arriérés. A ces observations sur la méthode, nous avons ajouté quelques indications sur le matériel géographique.

La dernière partie concerne la pratique. Nous avons cru devoir placer ici des récits correspondant aux grandes divisions du programme de cinquième année. Ces leçons ne sont qu'une application des principes établis dans la méthodologie.

Trop heureux si, par nos modestes efforts, nous avons pu servir utilement la cause de nos infortunés sourds-muets.

A. L.

(1) LEVASSEUR, *Conférence sur l'enseignement de la géographie.*

OBSERVATIONS

SUR LA MARCHE A SUIVRE

DANS

L'ENSEIGNEMENT DE LA GÉOGRAPHIE

AUX SOURDS-MUETS

PREMIÈRE PARTIE

—

HISTORIQUE

I. — LA GÉOGRAPHIE DANS LES ÉCOLES PUBLIQUES

Pendant tout le moyen âge, les sciences faisant connaître l'homme et le monde n'étaient étudiées que par un petit nombre d'érudits. Après que la Renaissance eût préparé l'affranchissement des esprits, un besoin inconscient, celui de s'instruire, se révéla. Aussi voyons-nous RABELAIS mettre les sciences au premier rang parmi les études dignes de l'homme; il cite entre autres la science de l'univers. Panta gruel, à l'encontre de l'écolier du moyen âge, devra connaître *le monde sous tous ses aspects.*

Dans son livre *La grande Didactique* (1640) [Didactica magna], COMÉNIUS, parlant de la géographie, veut que la mère apprenne à l'enfant, selon le lieu qu'il habite, à reconnaître une montagne, une vallée, une ville, un bourg... L'observation des choses sensibles, comme premier exercice intellectuel, voilà ce que recommande Coménius; n'est-ce pas le principe fondamental sur lequel repose aujourd'hui l'enseignement de la géographie?

Les pédagogues de Port-Royal considéraient la géographie comme une étude convenant très bien au premier âge, à condition, écrit NICOLE dans son traité de l'*Education d'un prince* (1670), « qu'on ait des livres où les plus grandes villes soient peintes ». Cette nécessité des gravures, Nicole l'explique ainsi: « Les lumières des enfants étant toujours très dépendantes des sens, il faut, autant qu'il est possible, attacher aux sens les instructions qu'on leur donne et les faire entrer, non seulement par l'ouïe, mais aussi par la vue. »

LOCKE (1), et après lui ROUSSEAU (2) signalent également l'utilité de l'étude de la science géographique. L'opinion de ce dernier est particulièrement curieuse: « Vous allez chercher des globes, des sphères, des cartes : que de machines! Pourquoi toutes ces représentations! Que ne commencez-vous par lui montrer l'objet lui-même? »

Nous sommes à la fin du xviii⁰ siècle. En matière d'enseignement, la pratique « se traine encore péniblement dans l'ornière ». Aucun des pédagogues dont nous avons parlé n'a pu appliquer les doctrines qui lui étaient chères. Les Membres du Parlement, qui viennent d'obtenir l'expulsion des Jésuites (1762), s'attachent à corriger les défauts de la « pédagogie sorbonicque » que raillait déjà deux siècles auparavant maître Alcofribas. Ils demandent des réformes que la toute-puissante Compagnie de Jésus ne pouvait ou ne voulait réaliser. Dès lors, on tente de toutes parts d'instituer des systèmes complets d'éducation (3).

Dans son *Essai d'éducation nationale* (1763), LA CHALOTAIS traitant des études du premier âge, pense qu'on doit enseigner en même temps l'histoire et la géographie. Toutefois, il demande que, sans entrer dans un détail sec et ennuyeux, on fasse voyager l'élève agréablement dans les différentes contrées ; qu'on insiste « sur ce qu'il y a de principal et de

(1) LOCKE (1632-1704), *Quelques pensées sur l'Éducation* (1693).
(2) ROUSSEAU (1712-1778), *Émile ou de l'Éducation* (1762).
(3) C'est là d'ailleurs qu'il faut rechercher les origines de l'enseignement laïque et national.

curieux dans chaque pays, les faits les plus frappants, la patrie des grands hommes, les batailles célèbres, tout ce qu'il y a de plus notable, soit pour les mœurs et les coutumes, soit pour les productions naturelles, soit pour les arts ou pour le commerce. »

Arrivons à la Révolution; l'instruction publique est organisée. Dans les projets de la Législative et de la Convention, votés sur les rapports de Condorcet (1), de Romme et de Lakanal, l'enseignement géographique va acquérir une importance qu'il ne recouvrera qu'avec la loi de 1868.

Seule, la loi du 29 brumaire an III (17 novembre 1794) reçut un commencement d'exécution. Lakanal en était le rapporteur; il définit dans son rapport et avec une grande netteté la méthode à suivre dans l'enseignement qui nous occupe : « Qu'on expose d'abord dans chaque école, écrit-il, le plan de la commune où elle est située ; puis qu'on mette sous les yeux des enfants une carte du canton dont la commune fait partie ; puis une carte du département, puis une carte de la France, après quoi on passera à celle de l'Europe et des cinq parties du monde et enfin à la mappemonde. »

Chez nos voisins, et vers la même époque, de louables efforts sont tentés : là aussi, les idées deviennent des faits. En Suisse, Pestalozzi (1746-1827) fonde des écoles populaires ; dans ses programmes, il assigne une place à la géographie et l'enseigne aux enfants sous forme de leçons familières. « Les premiers éléments de cette science, écrit Vulliémin, un de ses élèves et disciples, nous étaient enseignés sur le terrain... Puis, nous reproduisions en relief avec de l'argile le vallon dont nous venions de faire l'étude. »

Un autre pédagogue non moins éminent de la Suisse moderne, le P. Girard (1765-1850) préconise également l'enseignement de la géographie. Persuadé que non seulement la langue, mais toutes les études pouvaient concourir à l'éducation morale, il prétendait trouver dans l'étude de la

---

(1) Condorcet (1743-1794). *Rapport à l'Assemblée législative* (1792). La loi Romme (1793) ne fut pas appliquée.

science géographique un moyen de contribuer au développement de l'être moral. Le P. Girard, on le voit, comme presque tous les hommes qui ont conçu une idée originale, tombait dans l'esprit de système.

Nous en sommes à la période toute contemporaine ; des lois réorganisent l'enseignement national. Cependant, dans celle de 1833, il n'est que très peu question de la géographie. Un règlement publié la même année n'exigeait des candidats au brevet de capacité que les premières notions de cette science. C'est aussi ce que demande M. H. CARNOT, alors ministre de l'Instruction publique, dans son projet du 30 juin 1848.

L'année suivante, ces mêmes notions deviennent facultatives, d'après le rapport de M. BARTHÉLEMY SAINT-HILAIRE (10 avril 1849).

La loi du 15 mars 1850 reproduit ces mêmes errements. A partir de 1850, le progrès va consister surtout à rendre obligatoire ce qui était simplement facultatif. La géographie, par exemple, ne deviendra matière d'enseignement qu'en 1868, et l'histoire en 1867. « Sous le second Empire, disait M. l'inspecteur Cuissart dans une conférence aux instituteurs du département du Rhône (Lyon, 1879), on pouvait être instituteur sans savoir un mot de géographie. » Et M. Cuissart ajoute que, durant quelques années, l'enseignement géographique fut supprimé dans les Écoles normales primaires et par suite, dans les écoles élémentaires.

Donc, jusqu'ici, absence de programmes bien définis, de méthodes nettement caractérisées. Il n'en pouvait d'ailleurs pas être autrement ; l'utilité de la géographie n'était pas suffisamment reconnue pour qu'on s'occupât de la façon de l'enseigner. En 1870 même, on ne lui reconnaissait d'autre but que celui d'éclairer l'histoire. Un géographe éminent, M. VIVIEN DE SAINT-MARTIN, écrivait (1) qu'on en était réduit à d'arides nomenclatures « propres à rebuter l'esprit et la mémoire, sans rien avoir pour l'intelligence ni l'imagination. »

____

(1) Année géographique (1863).

Ces tristes affirmations sont confirmées par un rapport de MM. Levasseur et Himly sur l'état de notre enseignement géographique dans les Établissements d'instruction publique.

Voici à peu près leurs conclusions ; cela se passait en 1871.

« Dans l'enseignement supérieur, les facultés de Nancy et de Paris seules avaient une chaire de géographie. Le matériel y était presque nul et les questions posés au double baccalauréat étaient des plus insignifiantes.

« Dans l'enseignement secondaire, sur les cent cinquante professeurs chargés de l'enseignement de l'histoire et de la géographie dans les lycées et les collèges, sept comprenaient l'importance de cette dernière. Le matériel était dans un état pitoyable : les cartes murales, vieillies ou illisibles, n'étaient d'aucune utilité et le plus souvent n'existaient pas. Quant aux globes, il ne fallait pas en parler...

« Pour l'enseignement primaire, l'impression emportée par les rapporteurs de leurs visites aux Écoles normales et aux principales écoles primaires fut moins pénible : on usait fréquemment du tableau noir. Mais, dans les écoles de moindre importance, on n'apprenait absolument rien en histoire ni en géographie. »

Tout était à faire ; aussi, grâce aux remarquables travaux de MM. Vivien de Saint-Martin, Levasseur, Himly, Drapeyron, Foncin, Hennequin, Lottin, Gréard, Buisson... etc. ; grâce à l'initiative prise par les diverses Sociétés de géographie, notre enseignement s'est relevé ; des programmes, tous conformes à une méthode intuitive et rationnelle, ont été élaborés. Appliqués par un personnel éclairé, les résultats satisfaisants qu'ils ont déjà donnés et ceux qu'il faut en attendre ne permettront plus à un Gœthe futur de nous regarder comme le peuple « le plus ignorant en géographie » (1).

____

(1) Pour compléter ce court aperçu, forcément incomplet, nous nous permettons de recommander tout spécialement le chapitre XLI, pages 920 et suivantes, de l'*Histoire contemporaine* de M. E. Maréchal, chapitre traitant de l'histoire de la géographie et renfermant trois paragraphes distincts : 1° Méditerranée (l'antiquité et le moyen âge, jusqu'au temps de Christophe Colomb et de Vasco de Gama) ; 2° l'Atlantique (le xvi° et le xvii° siècle) ; 3° le Pacifique (l'ère moderne et contemporaine).

Que l'on veuille bien nous pardonner ce court aperçu historique, dans lequel nous avons évité de citer les auteurs s'occupant des enfants sourds-muets, — notre intention étant de leur consacrer un chapitre spécial. Il nous a semblé que tout ce qui concerne les problèmes de l'Instruction publique ne doit pas rester lettre morte pour les professeurs de nos Institutions. Et cela est d'autant plus vrai que nos élèves affrontent aujourd'hui les examens des Écoles primaires, d'ailleurs avec succès.

II. — LA GÉOGRAPHIE DANS LES INSTITUTIONS DE SOURDS-MUETS

Grâce aux ouvrages d'écrivains comme Rabelais, Coménius, Locke, Rousseau ; d'instituteurs comme Nicole, Pestalozzi, le P. Girard ; de législateurs tels que Condorcet, Lakanal, Guizot, nous avons pu nous former une opinion sur la façon dont on comprenait, dès le moyen-âge, l'enseignement de la géographie. Trouverons-nous dans l'histoire de notre pédagogie spéciale des renseignements aussi complets, et cela pour des époques aussi reculées ? Non, car nous manquons d'ouvrages didactiques ; c'est ainsi qu'il nous faut arriver au XVIIIᵉ siècle pour rencontrer un document intéressant. C'est un rapport à l'Académie des sciences, signé : « De Mairan, Buffon, Ferrein, » et daté de 1749. On y lit ce passage, concernant deux sourds-muets de naissance, présentés par PEREIRE : « Ils connaissent sur la carte les quatre parties du monde, les royaumes, les capitales... »

Un instituteur de talent, qu'on a trop longtemps laissé dans l'ombre, l'abbé DESCHAMPS, a jeté vers la même époque des vues sur l'enseignement géographique dans son *Cours élémentaire d'éducation des sourds-muets* (1). Au moyen d'estampes, il montrait le soleil, le firmament, les eaux, et il définissait ces différents termes. De plus, il se proposait de

_____
(1) Pages 65 à 71.

traiter la géographie, à côté de l'histoire, des sciences phy-
siques, etc., dans les *Principes élémentaires des sciences
pour l'éducation des sourds-muets.* Malheureusement, cet
ouvrage n'a pas vu le jour.

En enseignant l'histoire à ses élèves, non seulement l'abbé
DE L'ÉPÉE continuait l'étude de la langue, mais il donnait
encore une grande somme de connaissances naturelles, parmi
lesquelles il rangeait les éléments de la géographie. « Ils
savent déjà, écrivait-il, ce que sont les astres qui roulent
majestueusement sur nos têtes ; ce qu'est la terre, tout ce
qu'elle produit et qui y marche ou qui y rampe. Ils n'ignorent
plus ce qu'est la mer et tout ce qu'elle renferme, ce que sont
les fleuves et les ruisseaux, les montagnes et les vallées... »
Quelle méthode suivait-il pour faire saisir toutes ces notions,
tout en enseignant l'histoire. L'abbé de l'Épée ne le dit pas.

L'abbé SICARD, au chapitre XV de son *Cours d'instruction
d'un sourd-muet* nous montre comment il donna à son élève
les « notions sur le système du monde ». Il commençait par
l'étude de la sphère. Le mouvement diurne étonnait son élève
Massieu, qui ne comprenait pas pourquoi l'eau des rivières
ne se répandait pas dans les airs. « J'y répondais par des
comparaisons, écrit Sicard ; tantôt c'était celle d'une grande
roue où une mouche marche, en sens contraire du mouvement propre à la roue, et sans jamais tomber ; tantôt,
c'était celle qui lui était si familière, étant né près d'un grand
fleuve, celle d'un bateau qui fend les vagues, et se pré-
cipite vers l'embouchure, quand les arbres qui sont sur ses
bords paraissent aux voyageurs remonter et s'enfuir vers
la source du même fleuve ; tantôt c'était celle de l'aimant
qui, en tournant, ne laisse échapper aucun des corps
attachés sur sa surface. Le soleil et les astres, disais-je à
Massieu, sont les arbres et les châteaux semés sur le bord du
fleuve aérien que parcourt la terre. Ils paraissent tourner
vers le couchant, quand c'est elle-même qui tourne du côté
du levant (1). » Mais en somme, nous ne trouvons rien, ou

____

(1) Voir les curieuses explications de Sicard, pages 231 et suivantes du *Cours
d'instruction.*

peu de chose, se rapportant à l'enseignement de la géographie ; et cependant, il est à supposer que les premiers éléments de cette science avaient été enseignés, car l'illustre instituteur parle couramment des pôles, de Vienne, de Rome... à son élève. Et, d'autre part, ne nous dit-il pas qu'après avoir étudié l'atmosphère, le mouvement de la lune, il passe sans difficulté (?) à la longitude, à la latitude. Cela lui permet, ajoute-t-il, d'étudier la position des différents pays. Degérando remarque, non sans raison, que cette exposition du système du monde est prématurée. Il faut cependant reconnaître que l'abbé Sicard ne négligeait pas les exercices d'intuition ; il préparait l'élève sourd-muet à l'instruction qu'il devait recevoir par un cours d'observations méthodiques sur les objets sensibles qui s'offrent aux regards de l'homme. Il se guidait, en un mot, d'après les indications de la nature. C'est ainsi que pour donner à Massieu l'idée de la lieue il lui faisait faire une promenade à travers la campagne.

S'il nous est impossible, d'après le *Cours d'instruction d'un sourd-muet*, de caractériser la méthode de l'abbé Sicard, en revanche, nous pourrons nous en faire une idée en consultant les programmes alors en vigueur à l'Institution de Bordeaux. Ainsi que le fait remarquer M. Bertoux (1), la méthode en honneur était celle que nous appelons « de définitions ». Et, au nombre des exercices soutenus en public, en 1789, par les élèves de cette même Institution, nous trouvons la géographie. C'était Saint-Sernin qui les interrogeait sur cette matière, ainsi que sur la grammaire, le calcul... Sicard ne s'était réservé que le catéchisme et l'histoire sainte..

Arrivons au xix° siècle ; dans une circulaire de l'Institut royal des sourds-muets de Paris (2), nous trouvons un mémoire de Naef, instituteur à Yverdun (1827). Pour lui, la géographie, de même que l'histoire et les sciences naturelles, n'est pas l'objet de leçons particulières. Il se borne à faire observer les objets qui environnent ses élèves, à éclairer

(1) Quelques mots sur l'enseignement de la géographie aux sourds-muets.
(2) Deuxième circulaire, année 1840.

ceux-ci sur les phénomènes dont ils sont témoins ; il tâche de les orienter dans leur pays en prenant pour point central le milieu qu'ils habitent ; ce n'est qu'aux plus avancés qu'il donne quelques notions sur la géographie générale.

A l'Institution de Paris revient l'honneur d'avoir établi, dès 1837, un programme détaillé de géographie. Cette matière était donc reconnue obligatoire chez nous, alors qu'elle était encore facultative dans les Écoles publiques d'entendants. Dans ces dernières, en effet, la géographie ne deviendra matière d'enseignement qu'en 1868, l'histoire en 1867.

C'est une dame, professeur de l'Institution, ÉMILIE FERMENT, rapporteur de la Commission chargée de l'élaboration des programmes (1837), qui la première a déterminé les vrais principes sur lesquels doit reposer l'enseignement de la géographie. La méthode intuitive, si elle n'est pas née dans nos institutions, y a conquis la place d'honneur, longtemps avant d'être acceptée dans les établissements d'instruction publique. Certes, nombre d'écoles « pourraient prendre comme modèles nos institutions, où la plupart des réformes accomplies dans l'enseignement ont été faites depuis fort longtemps » (*Revue française*). Et, pour n'en citer que quelques-unes, la nouvelle méthode d'épellation pour l'enseignement de la lecture, l'application de la méthode intuitive à l'étude de la géographie, etc., sont du nombre.

Dans le programme de 1837, la manière de présenter les leçons, exposée par le rapporteur, était nouvelle pour l'époque (1). Nous devons ajouter qu'elle ne différait pas sensiblement de ce que nous faisons aujourd'hui. C'est ainsi que la première partie du cours, consacrée à la troisième année (2) et devant servir seulement d'introduction, correspond à ce que nous pouvons enseigner en cinquième année, à part l'ordre indiqué : « Nous commencerions l'étude de la géographie par une introduction dans laquelle, partant du point où est l'élève (l'Institution pour nous), nous étendrions peu

(1) Voir à l'Appendice les programmes de 1837 et 1885.
(2) A cette date, le cours d'études était de six années. La géographie était enseignée dès la troisième année. Voir les *Annales* de 1845, page 70.

à peu son cercle en passant de Paris aux environs connus des élèves, puis aux villes habitées par les parents... » Il nous faudrait citer le chapitre entier pour bien faire saisir la portée de cet excellent travail. Et nous ne partageons pas l'idée de notre collègue, M. Bertoux, lorsqu'il prétend que les matières à enseigner ne sont pas nettement définies dans ce programme. Il nous paraît, au contraire, suffisamment complet; ce que nous devons lui reprocher, c'est de ne pas reprendre chaque année, en y ajoutant quelques développements, l'étude de la France, de l'Europe et du globe. Enfin, nous aimerions à voir figurer, avant toute autre chose, la connaissance des quatre points cardinaux, car, ainsi que le dit l'abbé Tarra (1), « la première notion de la science géographique est à notre avis la direction, l'orientation ». Mais, songeons qu'au moment où ce programme était présenté rien n'avait encore été fait et soyons indulgent pour les quelques imperfections que nous pouvons y remarquer.

Le mouvement était donné, le cadre était tracé, et cependant le premier ouvrage écrit spécialement pour nos élèves, et dû aux frères de Saint-Gabriel, d'après la méthode de l'abbé Chazotte, ne parut qu'en 1864. Encore n'est-ce qu'une longue liste de noms géographiques, une nomenclature sèche et aride.

Depuis 1837, les programmes de l'Institution de Paris ont tous fait mention de la géographie (2). Aucun d'eux n'a apporté de modifications sensibles dans le travail d'Émilie Ferment. En 1885, la Conférence des professeurs a adopté un nouveau programme, qui corrige heureusement les défauts de celui de 1837.

Il contient pour chaque année l'étude de toute la terre, « étude très succincte en cinquième année, puis graduellement plus développée à mesure qu'approche le terme de la

---

(1) *Esquisse historique et court exposé de la méthode suivie pour l'instruction des sourds-muets*, par l'abbé Tarra; traduit de l'italien par MM. Dubranle et Dupont.

(2) Voir le Congrès de Paris, 1878. — *M. Vaïsse et l'enseignement de la géographie à l'Institution de Paris.*

période scolaire » (1). En cela, il diffère essentiellement de son aîné de 1837, lequel se bornait chaque année à l'étude détaillée d'un coin particulier du globe. C'est en nous faisant l'écho fidèle des indications contenues dans ce programme — indications qui résument la doctrine de l'Institution de Paris — que nous allons aborder l'étude de la géographie en cinquième année. Nous nous efforcerons de montrer dans quelle mesure la méthode intuitive peut être appliquée à cet enseignement. Sans aucun doute, l'acquisition des éléments de la science géographique ne sera pas toute spontanée et ne se fera pas sans nécessiter certains efforts de nos élèves. Mais elle sera facilitée par le rejet de tout appareil inutilement dogmatique ; l'esprit sera mis, par les moyens les plus simples, les plus conformes à sa nature, en état de saisir la vérité.

(1) L. Goguillot. *Rapport sur l'enseignement de la géographie*, in *Revue internationale*, n° 11, février 1886.

DEUXIÈME PARTIE

—

MÉTHODOLOGIE

I. — MÉTHODE DE DÉFINITIONS ET MÉTHODE DESCRIPTIVE

Au temps où nous allions à l'école, dirons-nous avec
M. Rousselot, inspecteur d'Académie, « l'étude de la géographie débutait par une série de définitions ; il y en avait
trois ou quatre pages. Puis on arrivait aux parties du monde,
c'est-à-dire à une longue énumération de noms plus ou
moins bizarres et qui, pour être des noms propres, étaient
aussi peu intelligibles que des termes abstraits. On partait de
l'inconnu ; on marchait dans l'inconnu et l'on y restait ».
Nous ne jurerions pas que ce système, commode pour le
maître, s'il fait mourir l'élève d'ennui, n'ait pas conservé
quelques adhérents ; mais il s'en va disparaissant de partout. D'ailleurs, quels résultats pouvait-on espérer d'un système d'enseignement de la géographie consistant à imposer
à l'écolier une tâche à apprendre par cœur sans explication,
sans exercices intellectuels préalables, sans autre stimulant
que la crainte d'une punition encourue pour une récitation
manquée! Des nomenclatures vieillottes, à la manière des
géographies de l'abbé Gauthier : voilà ce que l'enfant avait
le mieux retenu, parce qu'il l'avait appris à l'âge où les
impressions mnémotechmiques sont durables. Il savait, par
exemple, sur le bout du doigt que l'Ain avait pour préfecture

Bourg et pour sous-préfectures Gex, Belley, Nantua, Trévoux, parce que c'était le premier département français par ordre alphabétique. Si vous lui parliez de la Pologne, il s'empressait de répondre : « Villes principales, Varsovie, Cracovie, Lublin. » Mais il ignorait le caractère montagneux du département de l'Ain ; il ne connaissait pas cette énorme surface des étangs des Dombes ; il ne soupçonnait pas le caractère planiforme de la Pologne, son sol boueux, ses immenses forêts.

Cette *méthode de définitions* s'adresse surtout à la mémoire ; elle définit tous les termes géographiques et les applique ensuite aux divisions naturelles du globe. Les élèves ne retiennent qu'une nomenclature ne se rattachant à aucune idée positive, sans compter que ce genre d'exercices prend beaucoup de temps.

A côté de la méthode de définitions, absolument condamnée, se range la *méthode descriptive* qui présente les leçons sous forme de récits, de descriptions. Elle montre, tout d'abord, les accidents de terrain sans les définir : le dessin les rappelle ensuite. Avec elle, les premières leçons de géographie sont de véritables leçons de choses : les Américains les appellent des « leçons de lieux ». Par la méthode descriptive enfin, l'intuition s'empare de l'enseignement géographique et devient pour nous un guide précieux ; elle nous fait aller du proche au lointain, du connu à l'inconnu, des lieux rapprochés aux lieux de plus en plus éloignés, en enseignant par les choses et non par les mots. « L'instruction, a dit Coménius, doit commencer par une observation réelle des choses et non par une description verbale. »

Définir ces deux méthodes, c'est faire connaître de suite quelle est celle que nous préférons ; nous arrêtons notre choix sur la seconde, la meilleure, comme l'ont démontré des réformes récentes, toutes accomplies en sa faveur. Cela étant, il convient de se demander quelle est la marche à suivre dans l'étude de la géographie. Nous nous trouvons en présence de deux systèmes principaux. Le premier, longtemps et peut-être encore admis, celui qui a servi de base à la rédaction de tous les traités existants, consiste à étudier successivement, et d'une façon détaillée, chacune des parties de la terre. En 1837, on avait tenté, dans notre Institution, de réagir contre ce système ; le programme dont Émilie Ferment était rapporteur en fait foi. Mais on ne sut pas continuer ce qui était si bien commencé et dès la seconde année d'enseignement de la géographie il ne fut plus tenu compte de ces efforts (1).

Cette étude isolée des diverses contrées du globe ne peut laisser de traces durables. L'élève à qui on ne parle exclusivement que de la France au début du cours et qui reste ensuite deux ans sans revoir la géographie de son pays doit nécessairement perdre de vue même les notions principales qu'il avait acquises. Nous condamnerons donc un tel enseignement et nous nous conformerons au système dit *concentrique*, lequel exige, pour chaque année, une étude d'ensemble du globe. Cette étude sera très simple au début et comportera d'année en année des détails de plus en plus nombreux. D'ailleurs, il nous paraît inutile d'expliquer plus longuement un système exposé en entier dans le programme de l'Institution de Paris (2). Ce programme, élaboré par une Commission de maîtres autorisés, nous semble devoir satisfaire les plus exigeants ; nous l'avons appliqué et nous avons été heureux d'y trouver un guide précieux, cadrant absolument avec nos vues personnelles sur la méthode à suivre pour enseigner la géographie à nos élèves.

II. — Comment on doit présenter une leçon et ce qu'il faut exiger du maître

Avant tout, l'enseignement est intuitif, c'est-à-dire « qu'il compte sur le bon sens naturel, sur la force de l'évidence,

(1) Voir le programme de 1837 à l'Appendice.
(2) Voir à la fin de ce travail le programme de géographie de l'Institution de Paris, datant de 1885.

sur cette puissance innée qu'a l'esprit humain de saisir du premier regard et sans démonstration — nous ajouterons volontiers sans affirmation pure, sans définition, non pas toutes les vérités, mais les vérités les plus simples et les plus fondamentales ». Nous ne chercherons donc à surmonter les obstacles, ainsi que le fait remarquer l'abbé Deschamps dans son *Cours élémentaire d'éducation des sourds-muets* « qu'après avoir préparé le chemin par la connaissance des choses les plus faciles et être monté ainsi de difficulté en difficulté. » Enfin, il sera fait un usage constant du tableau noir, appuyé sur un emploi fréquent de la carte murale. La géographie, en effet, doit s'enseigner par les yeux, et, pour parler à l'américaine, ce sont des leçons de lieux que nous devons présenter, leçons qui n'ont ni moins d'utilité ni moins d'intérêt que les leçons de choses.

Ces grands principes étant posés, mettons un maître au milieu de ses élèves et voyons quel sera son rôle et sa façon de procéder. Toujours placé devant la carte, il lui faut d'une part montrer et décrire, de l'autre reproduire sur le tableau noir les traits saillants, les détails qu'il importe de fixer dans la mémoire de l'élève : « Il faut qu'il paye de sa personne, qu'il tire de son propre fonds une partie de ses explications, qu'il invente même au besoin des moyens de démonstration, qu'il soit prêt à répondre à toutes les questions de l'élève (1) ».

Le maître doit, avec cela, s'efforcer d'intéresser son jeune auditoire. Le tableau noir lui fournit le meilleur moyen à nos yeux. Et d'abord, le tracé au tableau présente un avantage précieux et que n'a pas l'étude directe et exclusive de la carte murale : c'est un enseignement analytique. Or, pour obtenir de bons résultats, « pour mettre l'élève à même de « se former une idée d'ensemble, pour soulager sa mémoire, « l'analyse ne doit-elle pas précéder la synthèse? Et la carte « murale, n'est-elle pas un tableau synthétique, renfermant « la masse des détails que comprend l'étude d'un pays ou

____

(1) M. Levasseur, Conférence faite à la Sorbonne lors de l'Exposition de 1878.

« d'un continent entier. Elle ne dit d'abord rien de précis
« aux yeux et à l'intelligence de l'élève qui la considère (1) ».

Mais que l'enfant assiste, pour ainsi dire, à la confection
de la carte du pays dont il doit étudier la géographie ; qu'il
voie se dessiner les côtes et les frontières, « surgir les masses
montagneuses, couler les fleuves et affluer les nombreux
cours d'eau qui viennent y aboutir, il s'intéressera vivement à
la naissance, à la formation progressive et au développement continu de ce petit monde, qui lui apparaît enfin tel qu'il
est, montagneux ou plat, fertile ou désert, en même temps
que le professeur lui donne les explications nécessaires qui
ne s'oublieront plus jamais. »

La carte ainsi faite aura de plus l'avantage de ne présenter
que les points saillants, les détails indispensables à la leçon.
Débarrassée de tout ce qui pourrait nuire à sa clarté, elle se
gravera bien mieux dans l'esprit et la mémoire. Elle stimu-
lera le goût et l'intelligence de l'élève qui voudra la reproduire. Que le professeur complète alors son enseignement
par la carte murale, ou, ce qui vaudrait mieux encore, par
la carte en relief, rien de mieux. Il arrivera ainsi à la synthèse complète, préparée par une sérieuse analyse des points
sur lesquels l'attention de la classe devra être appelée et
retenue pendant un temps plus ou moins long.

Les explications étant suffisantes, le maître peut interroger ses élèves, recommencer avec eux cette causerie qu'il
vient d'achever sur le pays à étudier. Mais cette fois il se
bornera à les guider et cherchera surtout à les faire parler
à leur tour (2). La carte tracée par lui au tableau noir sera
mise largement à contribution. Viendra enfin un petit résumé
écrit, la *leçon*, que les enfants devront copier en l'accompa-
gnant de la carte. Comment cette dernière sera-t-elle exécu-

(1) M. Paquier, *La Géographie en France*.
(2) Voici d'ailleurs, concernant le rôle du maître, ce que M. Anthoine, inspecteur
général, écrivait en 1881 : « Placez-vous au milieu de vos élèves, habituez-les à
vous écouter, à suivre votre parole. Cherchez de votre côté le chemin de ces
jeunes intelligences, tâchez de les intéresser, et ce sera pour vous un temps bien
employé. Mais, quand je vois un maître avec 20 ou 25 élèves, les élèves mornes et
ne sachant rien, le maître morne aussi, se plaignant de tout et de tous, que pen-
ser de l'enseignement ? »

tée, avec quelle précision? quels procédés de construction le maître recommandera-t-il? C'est ce que nous verrons dans un chapitre spécial.

Prenons maintenant un exemple, afin de mieux préciser les recommandations qui précèdent. Il porte sur les *lacs*; c'est une des *dernières* leçons à exposer aux élèves de cinquième année — première année d'enseignement géographique, — alors qu'il a été donné des notions sommaires sur la France et les pays limitrophes, sur la terre, sur les moyens de communication entre les divers points du globe, etc.

Le maître appelle l'attention de ses élèves et entame tout simplement un dialogue avec eux :

« Jean ! ton père est cultivateur, n'est-ce pas? Il possède une ferme?

— Oui, Monsieur.

— Autour de la maison d'habitation, y a-t-il un champ?

— Non, Monsieur; il y a une prairie où plusieurs vaches prennent leur nourriture.

— Bien, et ces vaches où vont-elle boire?

— Il y a de l'eau au milieu de la prairie!

— Oui, mon ami, il y a une MARE peu profonde. C'est dans cette mare que, l'été dernier, tu as tué un canard... etc. »

A un autre élève, le professeur demandera ce qu'il y a au milieu du jardin de l'Institution, ce qu'il a remarqué dans le BASSIN... Puis, s'éloignant de la maison, il lui demandera s'il a quelquefois joué dans le jardin du Luxembourg ou dans celui des Tuileries. Il arrivera que deux ou trois enfants auront lancé ou vu lancer de petits bateaux sur les bassins de ces deux jardins. Le professeur parlera ensuite des LACS du parc de Montsouris, des Buttes-Chaumont, de ceux du bois de Boulogne ou du bois de Vincennes. Quelques mots sur le patinage ne seraient pas déplacés ici.

Un enfant explique-t-il qu'il y a des ÉTANGS dans son pays natal, le maître dira que les étangs sont peuplés de poissons; qu'ils sont la propriété de personnes qui souvent défendent d'y pêcher. Il ajoutera que la pêche est permise dans les rivières. Et n'est-ce pas là une excellente occasion de parler de l'époque légale de fermeture et de réouverture de la pêche !

Voilà une première partie de la leçon traitée, — et il y a du travail pour une classe entière ! Signalons toutefois la carte que le maître a dû dresser au tableau tout en donnant ses explications. Elle comporte tout simplement le plan de Paris et des environs. Elle est si bien connue de tous (1), qu'un élève a pu la tracer quelques instants avant que le professeur n'ait commencé sa causerie. Ce dernier peut d'ailleurs profiter de ce tracé pour s'assurer que les premières leçons ne sont pas oubliées. Alors, il continuera ses explications :

« Charles ! montre Chambéry sur la nouvelle carte que je viens de dessiner ! Dis-moi comment se nomment les montagnes que j'ai tracées à l'est de cette ville ! Quel est le fleuve que je dessine au nord ?

— Voilà Chambéry !... Ce sont les Alpes... C'est le Rhône !

— Bien ! Regardez maintenant, mes amis, le bassin immense que je dessine non loin de la ville. C'est le LAC du Bourget. Ce lac se trouve à quelques kilomètres de Chambéry. M. X... a visité le lac du Bourget. Il ne connaît pas encore celui d'Annecy ; mais il espère le voir bientôt. Le lac du Bourget et le lac d'Annecy sont très beaux....... »

« Henri ! sais-tu où se trouvent la Suisse et l'Italie ?

— Oui, Monsieur ; ces deux pays sont situés à l'est de la France ; l'un est une République, l'autre une monarchie.

— Eh bien ! il y a en Suisse de nombreux lacs ; l'un d'eux, le lac de Genève, est traversé par le Rhône. Il porte des bateaux à voile et à vapeur. M. X... a canoté sur ce lac. »

« André ! te rappelles-tu le nom d'une jolie ville bâtie sur les bords de ce lac ?

— Je connais la ville de Genève. Vous m'avez dit un jour que vous aviez acheté votre montre à Genève, dans la Suisse.

(1) Nous disions plus haut que cette leçon sur les Lacs était une des dernières leçons du cours de 1re année. La carte dont nous parlons, le plan de Paris, doit pouvoir être tracée de mémoire, à ce moment-là, par n'importe quel élève de la classe.

« — C'est vrai ; il y a en effet de grandes fabriques d'horlogerie à Genève »........

..... Tout en causant, le maître dessinera au tableau la chaîne des Alpes, le cours supérieur du Pô, le Rhône avec les principaux affluents de la rive gauche de ce fleuve, le cours supérieur du Rhin, ce qui lui permettra de délimiter la Suisse (1). Il évitera de parler des nombreux cours d'eau qui sillonnent les pays représentés. Il pourra tracer, sans cependant les nommer, les rivières traversant les grands lacs. Cela lui permettra de montrer à l'élève — si ce dernier ne l'a pas déjà remarqué — que les lacs se rencontrent principalement au pied des montagnes, en ajoutant toutefois qu'ils semblent destinés à recevoir le trop-plein des fleuves et des rivières dans leur cours supérieur. Les lacs sont en quelque sorte de grands réservoirs naturels. Enfin, le maître profitera du croquis au tableau noir pour faire ressortir le caractère montagneux de la Suisse et la frontière sud-est de la France.

Pour terminer, le professeur montrera, sur une carte du monde, les grands lacs de la Russie, de l'Amérique et de l'Afrique. Il donnera quelques indications sur l'eau douce des lacs, sur l'eau salée des mers, etc...

Ce dialogue achevé, il reste à interroger les élèves non pas en utilisant les questionnaires secs et ennuyeux des traités de géographie, mais en dialoguant à nouveau.

L'enfant sera mis davantage à contribution ; il devra montrer qu'il a compris, et voilà tout. Ne cherchons pas à lui faire répéter mot par mot nos propres paroles. Si nous voulons que la géographie soit une science dont la plus grande partie repose sur l'intuition, n'en faisons pas une science de mots : laissons la place libre à l'intelligence, au raisonnement en particulier.

Les questions que le maître posera sur la leçon exposée

_____

(1) En présentant cette leçon à nos élèves, nous n'avons insisté que sur le lac d'Annecy, le lac du Bourget, les lacs de Genève et de Constance, enfin sur le lac Majeur. Nous avions cependant dessiné le lac de Côme, le lac de Garde, les lacs de Neuchâtel, de Zurich et des Quatre-Cantons.

ci-dessus seront aussi nombreuses et aussi variées qu'il le voudra bien : Où trouve-t-on généralement les mares ? Y en a-t-il dans la commune ? A quoi servent-elles ? Quels oiseaux se plaisent à y barboter ? Nomme quelques bassins ou lacs parisiens ! Montre, sur le plan, les lacs du bois de Boulogne ! du bois de Vincennes ! Est-ce que tu as déjà canoté sur ces lacs ? Nomme les diverses embarcations que l'on trouve sur ces lacs (barque, canot) !.....

Un court résumé de cette conversation sera dicté ou écrit au tableau. Les élèves le transcriront sur leur cahier, et cela avec empressement, car ils s'intéressent vivement à ce genre de leçons. D'ailleurs, tout ce qu'ils écrivent doit être bien compris, et le maître ne donnera le résumé qu'à cette condition. Il ne faut pas que l'élève copie en perroquet, sans rien comprendre. Si nous lui donnons une vingtaine de lignes de texte, ce sera en quelque sorte la récompense de son application, de son travail. Voici d'ailleurs ce résumé :

Leçon. — Les lacs

Les canards de la ferme barbotent dans la mare.

On voit des poissons rouges qui nagent dans le bassin du jardin.

Des enfants lancent leurs bateaux sur les bassins du Luxembourg et des Tuileries.

En promenade, vous avez souvent jeté du pain aux cygnes du lac de Montsouris.

Vous connaissez le lac des Buttes-Chaumont.

J'ai canoté plusieurs fois sur le lac du bois de Boulogne, mais jamais sur celui de Vincennes.

M. X... a visité le lac du Bourget; il ne connaît pas encore celui d'Annecy. Ces deux lacs sont très beaux.

Le lac de Genève et le lac Majeur sont aussi très beaux. L'un est en Suisse, l'autre en Italie.

M. A... a traversé le lac de Côme en bateau à vapeur. En Russie, en Afrique, en Amérique, il y a de nombreux lacs.

La mer Caspienne est un grand lac ; toutefois, il y a bien longtemps, elle a dû communiquer avec la mer Noire.

L'eau de la mer est salée ; celle des lacs est douce.

L'eau des lacs est bleue comme celle de la mer, mais elle est plus froide, car les lacs sont presque toujours situés au pied des montagnes.

Les lacs sont parfois très profonds ; on y trouve du poisson tout comme dans les rivières.

III. — AVANTAGES DE LA MÉTHODE SUIVIE

La leçon est terminée ; sans aucun doute, en procédant ainsi que nous l'avons fait, l'élève sera autrement édifié qu'avec cette simple définition des traités élémentaires de géographie : Un lac est une grande étendue d'eau entourée de terre de tous côtés. (Un lac est le contraire d'une île.) Quels sont donc les avantages de l'enseignement que nous préconisons ?

1° Nous suivons fidèlement la méthode intuitive ;

2° Nous ne laissons prise à aucune de ces idées fausses dont l'élève se débarrasse si difficilement (position relative des lieux ; chaîne de montagnes que le jeune enfant croit être généralement une hauteur énorme se continuant sur une seule ligne, sorte d'immense muraille ; tracé des fleuves parfois si défectueux, grâce à une coupable négligence du maître qui se contente assez souvent de sourire lorsque l'élève lui présente un croquis dans lequel la Loire coupe les Cévennes, ou la Garonne la chaîne des Pyrénées) ;

3° Nous n'avons pas recours aux définitions des termes géographiques, tout au moins dans les premières années du cours ;

4° Nous plaçons notre enseignement sur un terrain pratique, utilitaire. Ce que notre élève a besoin d'apprendre, ce sont des notions utiles qui lui permettront de raisonner, de juger sainement les choses. Il n'a nullement besoin de connaître une foule de noms de lieux ou d'accidents de terrain ;

5° Nous demandons enfin à la géographie des matériaux nouveaux pour le développement de la langue, tout en ne méconnaissant pas la nécessité, l'utilité de cette science. Quel but poursuivons-nous en effet durant tout le cours d'études ? Enseigner à nos élèves la langue française, et par la langue, au fur et à mesure qu'elle s'y prête, les initier aux vérités les plus essentielles, aux éléments de science que tout homme doit connaître. Remarquons d'ailleurs que ces deux enseignements se soutiennent mutuellement et que même ils ne peuvent être séparés. La meilleure méthode d'instruction pour le sourd-parlant sera celle qui les donnera tous deux en les combinant le mieux.

Que l'on veuille bien examiner la leçon que nous citons plus haut, ainsi que les explications qu'elle a nécessitées devant les élèves. On y trouvera de quoi satisfaire la science géographique proprement dite; les définitions; les connaissances pratiques; la cartographie; et enfin l'étude de la langue, grâce aux mots nouveaux, aux formes nouvelles que nous avons dû forcément employer.

IV. — DE LA RÉCITATION DE LA LEÇON

Devrons-nous exiger de nos élèves qu'ils apprennent par cœur les résumés que nous leur avons fait transcrire ? Nous ne le ferons qu'à des intervalles irréguliers; ce serait nous abuser que de nous contenter régulièrement de la simple récitation du texte de la leçon. Encore, l'enfant qui récitera devra-t-il se tenir devant la carte murale ou un tracé que le maître aura refait au tableau; il montrera du doigt les pays, les villes, les accidents de terrain... dont il est question dans son récit. Ce que nous aimerions mieux, si l'élève était assez avancé, ce serait un tracé fait de sa main et sur lequel il inscrirait successivement tous les détails de la leçon.

Mais, nous le répétons, nous n'aurons recours que de temps en temps à cet exercice de mémoire. **Un questionnaire oral et varié; un croquis au tableau noir** (fait de mémoire par un élève) **ne contenant que les points principaux et qui permettra à l'enfant interrogé d'inscrire les indications contenues dans sa réponse :** voilà notre système de récitation. Ce que nous voulons avant tout, c'est faire parler l'enfant sur le pays étudié, de façon à ce qu'il en indique les particularités, en fasse saisir l'aspect ; pour cela nous aurons recours au raisonnement et nous ne donnerons à la mémoire que la plus petite place. En géographie, il faut que ce soit la raison même qui parle et s'adresse à l'intelligence et au jugement, beaucoup plus qu'à la mémoire (1). Souvent, le maître croit que l'enfant a bien saisi telle ou telle notion géographique, parce qu'il lui a donné le mot et l'image — la carte — correspondante. Prenons un exemple : le professeur vient d'étudier le bassin de la Seine ; un résumé succinct et une carte ont suivi ses explications. Le lendemain, un élève à la mémoire facile reproduit exactement le récit et le tracé du maître. Celui-ci doit-il être satisfait? Non, car ce que l'enfant connaît si bien, ce n'est pas la Seine avec son cours lent et sinueux (2); ce n'est pas le pays de plaines qu'elle traverse; ce ne sont pas les gais coteaux des environs de Paris ni les causes de changement de direction du fleuve (coteaux

(1) « Les traités de géographie en usage dans nos écoles ne sont pas de nature à la faire aimer et à apprendre quoique ce soit de ce qui existe à la surface du globe. Lorsque les enfants doivent réciter par cœur toute une kyrielle de fleuves, une litanie de caps, une séquelle de mers, tous ces fleuves, ces caps, ces mers, ne diffèrent l'un de l'autre que par les syllabes qui composent les mots servant à les désigner.

« Quelle autre différence un enfant peut-il trouver entre la Meuse et le Nil? entre l'Amazone et le fleuve Bleu, entre le Volga et le Mississipi, que la manière dont sont écrits ou prononcés les noms de ces fleuves?

« M. le Dr CHARBONNIER,
» Directeur de l'Institut provincial des S. M. du Brabant.
(« Rapport sur la revision des programmes, 1888. »)

(2) A propos du cours des fleuves, il est une pratique recommandable : chaque fois que nous dirons à un enfant : « Montre la Seine! Montre la Loire! » il devra suivre le cours d'eau, du doigt, de la source à l'embouchure.

de la Brie champenoise; collines du Nivernais... etc.); ce n'est pas l'importance des affluents principaux obtenue d'après une comparaison avec le fleuve lui-même (l'Aube a son confluent plus large et plus rapide que la Seine; (l'Yonne, rivière plus considérable que le fleuve, logiquement la branche principale). Ce que connaît l'enfant, c'est une ligne très irrégulière, qui, allant d'abord du sud au nord, se diririge ensuite vers l'ouest pour aboutir à la mer. Et des grandes villes traversées dont il reproduit si bien les noms et le petit cercle servant à les représenter, il n'a aucune notion, — à moins de les avoir visitées.

De ce qui précède, nous tirons une conclusion bien simple. Le maître, tout en faisant un usage constant du tableau noir, ainsi que nous le demandions précédemment, doit s'attacher, par des causeries continuelles, à bien faire connaître les caractères particuliers du pays qu'il étudie; il doit user de comparaisons frappantes amenant la clarté dans l'esprit de son élève; il doit s'assurer que ce dernier a une idée bien nette de l'aspect du même pays, qu'il se rend un compte bien exact de sa situation, de ses richesses... etc. Et, d'un autre côté, ce n'est pas par un tracé accompagné de quelques lignes bien récitées que l'élève montrera toutes ces notions. Il faudra qu'il parle, qu'il décrive à son tour — le dialogue aidant, — le pays qu'il étudiait la veille avec son maître.

V. — L'ARTICULATION ET LA GÉOGRAPHIE. LE LIVRE DU MAÎTRE

Une simple remarque avant de terminer ce chapitre. C'est par la parole que les connaissances du maître se transmettent à l'élève, et c'est par elle que l'élève donne au maître, en répondant convenablement, la preuve que la leçon a été plus ou moins fructueuse. Mais nous ne devons pas oublier que la prononciation des mots nouveaux est toujours chose pénible pour nos élèves. C'est pourquoi nous croyons nécessaire de ne donner, au début, qu'un nombre restreint de noms propres par leçon. De la sorte, il nous est facile de les faire prononcer aussi nettement que possible, par tous les élèves pris séparément. Aussi devons-nous condamner cette façon de procéder, qui consiste à présenter une longue liste de mots, dès la seconde ou la troisième leçon, telle que celle des vingt-six ponts de Paris, par exemple.

Ne nous attardons pas à faire apprendre à nos élèves cette nomenclature sèche et aride, ces notions techniques empruntées à la statistique. Avant de donner tous ces détails, examinons-les bien, et demandons-nous de quel poids ils seront dans l'existence du sourd parlant ! Nous irons même plus loin, nous voudrions que le professeur ne consultât aucun traité pour préparer ses leçons, alors qu'il s'agit de la première année d'enseignement géographique. Il devrait se contenter largement de ce qui lui reste de ses études personnelles : d'ailleurs, il n'est pas nécessaire qu'il soit très fort en géographie ; il suffit qu'il ait une manière didactique excellente pour enseigner. Et que cela ne paraisse point paradoxal. Songeons combien il nous est difficile, le livre en main, de discerner ce qui doit être d'une utilité première pour nos élèves ! Avec quelle facilité ne voyons-nous pas dans les détails, les idées principales, pratiques surtout, du sujet à traiter, celles-là seules qu'il nous faut enseigner !

VI. — DE LA CARTOGRAPHIE

1. *Les cartes du maître au tableau noir.* — Le maître, avons-nous dit, tout en faisant sa description, doit tracer au tableau noir la carte du pays qu'il étudie. S'il se contentait exclusivement de la carte murale pour exposer sa leçon, il n'atteindrait pas un but précis. La masse des indications fournie par cette dernière expose l'enfant à des distractions, quelque soin que mette le professeur à bien indiquer la mon-

tagne, le fleuve... etc. dont il parle. Le tracé de la carte au tableau donne bien mieux que tout autre procédé la connaissance de la géographie; il produit la vie et le changement dans l'enseignement; il permet à la mémoire de garder fidèlement ce qu'on a appris, tandis que la lecture de la carte murale ne fixe pas d'une façon durable les notions acquises.

Le soin plus ou moins grand apporté par le maître à l'exécution de ses croquis a son importance. Il devra tenir compte, autant que possible, des proportions, des positions relatives des lieux, et il habituera ses élèves à veiller à la grosseur respective des traits servant à représenter les montagnes et les collines, les fleuves et les rivières. Les enfants arriérés de nos classes s'aident fort peu de cartes imprimées. Ils préfèrent de beaucoup celles que le maître trace de sa main, et le motif de cette préférence est facile à deviner : étant donné qu'elles ne renferment que les détails contenus dans la leçon, ils les comprennent plus vite et mieux. C'est pourquoi le professeur a tout intérêt à se rapprocher le plus possible de la vérité. On éprouve assurément quelque difficulté à faire, tout en causant, un tracé suffisamment exact. Le mieux serait, à cet égard, d'établir avant la classe un dessin léger, dont il suffirait ensuite de rendre les lignes apparentes pendant le cours. Si le temps manque au maître, il doit se contenter d'indiquer à l'avance quelques points de repère (1).

La progression à suivre dans la cartographie est tout indiquée par le programme des matières à enseigner. L'étude de ce dernier nécessita un plan de la classe, un plan de l'Institution avec les rues avoisinant cet établissement, enfin plusieurs plans de la capitale (cours de la Seine : grandes gares et lignes de chemin de fer; itinéraires de quelques promenades; Paris et les principaux centres de la banlieue...). Puis est venue une carte de la France ne mentionnant que le pays natal de chacun de nos élèves ; une autre carte avec les grands

---

(1) Nous recommandons vivement l'emploi de craie de différentes couleurs. Une fois qu'il sera habitué aux couleurs que nous aurons choisies, l'élève discernera bien mieux les détails de la carte.

massifs montagneux ; une carte d'Europe... etc. (2). Indépendamment de ces tracés, il nous a paru bon de montrer à nos jeunes sourds les plans des grandes villes de notre pays, en particulier de celles qu'ils avaient visitées.

2. *Les cartes de l'élève sur le cahier. Procédés de construction.* — Sitôt que l'élève sait s'orienter, le tracé de la carte peut commencer. Nous ne demanderons pas à l'enfant une rigoureuse exactitude dans l'exécution, car nous proscrivons entièrement le décalque. Nous nous contenterons de l'à peu près, pourvu qu'il nous présente un croquis fait de mémoire. Il nous faudra l'habituer à la cartographie d'une façon telle, qu'il puisse, à l'aide d'un simple bâton par exemple, tracer sur le sable de la cour une portion quelconque d'une contrée.

Ce n'est que de nos jours qu'on a réellement reconnu les avantages de la cartographie, et cependant ils sont en assez grand nombre. Le tracé des cartes contribue au développement du sens de la vue ; on apprend surtout à voir en dessinant et il est certain que l'élève qui dessine pendant une heure gagne plus pour sa force de vision que celui qui ne fait que regarder pendant un temps dix fois plus considérable. D'un autre côté, l'enfant acquiert une grande dextérité de main à ce genre d'exercices, sans compter que les cartes faites par lui l'intéressent vivement, outre qu'elles donnent libre essor à son activité personnelle. Enfin, l'élève remarquera vite qu'on se rappelle beaucoup mieux les détails d'une région lorsqu'on en a fait le croquis que si on se contente de lire la description de cette même région sur une carte murale.

Lorsque pour la première fois notre élève aura une carte à faire sur son cahier, il sera fort embarrassé. Il aura naturellement un modèle sous les yeux, puisqu'il ne possédera pas encore le tracé de mémoire. Ce sera la carte du maître dessinée au tableau ou sur une simple feuille de papier ; ce sera peut-être la carte murale ou un carton d'atlas. Quel que soit le modèle dont il puisse disposer, la tâche n'est assuré-

(1) Il s'agit ici de la première année d'enseignement géographique.

ment pas facile. Et d'ailleurs, tous les auteurs s'accordent à reconnaître la difficulté puisque tous proposent des procédés de construction dans le but de venir en aide aux débutants. Ceux-ci en connaissent un qu'ils ne se font pas faute d'employer, mais qu'aucun maître ne doit tolérer, nous l'avons nommé précédemment : c'est le *décalque*. Ils en profitent pour nous présenter des cartes bien soignées mais qui ne sont nullement le fruit d'un travail personnel devant profiter à son auteur. L'enfant ne doit pas être initié à la science géographique pour s'exercer surtout dans le dessin ; il doit tracer des cartes et les étudier dans le seul but d'apprendre la géographie. C'est ainsi que nous lui apprendrons à négliger toute superfluité de détails de contours ou autres. Ce n'est que par les grands traits, les formes générales, que nous jugerons de l'excellence du croquis.

Parmi les divers procédés, il en est un que nous ne ferons que citer, attendu que nous le condamnons absolument ; on le nomme parfois la *méthode des carreaux*. Il ne peut rien apprendre à l'élève ; nous voulons amener ce dernier à tracer sans hésitation, et de mémoire, la carte de France d'abord, d'une façon très exacte. Puis la carte de l'Europe, mais en négligeant les petits détails des côtes, les sinuosités des fleuves principaux par exemple. Encore faudra-t-il qu'il tienne compte de la justesse des proportions et de la relation de position des lieux. Est-il possible d'arriver à un tel résultat par la méthode dite des « carreaux »? Nous ne le pensons pas ; nous croyons au contraire que du jour où nous le priverons de ce moyen de construction, l'enfant ne saura rien faire.

Le procédé le plus généralement admis réside dans l'emploi des *figures géométriques* lorsque la configuration du pays s'y prête. Disons en passant que beaucoup d'auteurs laissent à l'élève la liberté de choisir la figure que bon lui semble. M. Foncin, dans ses atlas, propose un hexagone pour le tracé de la France. M. Reclus nous offre non plus un hexagone (Géographie universelle), mais une figure à huit côtés qu'il obtient en reliant par un trait les points suivants :

Dunkerque, Brest, la Rochelle, embouchure de la Bidassoa, Villefranche (Pyrénées-Orientales), embouchure de la Roya, Genève, Strasbourg et Dunkerque. La figure ainsi obtenue est originale et commode à la fois. On remarquera, en effet, les angles qui correspondent à la Rochelle et à Genève; ils donnent des indications certaines pour la largeur de la carte ; ce détail n'est pas à négliger.

Nous ne parlons ici que de la carte de la France; il est évident que pour certaines autres contrées le même procédé est applicable (1). Pour l'Amérique du Nord, ce sera un triangle; pour l'Amérique du Sud, un autre triangle; mais pour l'Afrique, pour l'Asie et surtout pour les divers pays européens, on obtient malheureusement des figures plus compliquées. Sans doute on présentera pour l'Italie, au lieu d'un tracé géométrique, une botte de cavalier bien dessinée, où ne manque même pas l'éperon (mont Gargano et golfe de Manfredonia). Ce n'est là qu'une heureuse exception que nous saurons mettre à profit. Mais pour la généralité des cas, il nous semble qu'il est plus facile d'employer les *points de repère* tout en ne repoussant pas les formes géométriques qui s'imposent d'elles-mêmes. Un géographe, SCHÜLTZE, signalait ce procédé dans un ouvrage édité en 1787. Et le célèbre RITTER, dans son cours professé au Gymnase de Francfort, vers 1819, trouvait dans les points de repère ses plus solides points d'appui pour les tracés au tableau. C'est ce moyen de construction que nous recommandons tout spécialement. Ainsi, avant d'aborder le tracé des côtes de France, et tout en employant la figure géométrique signalée par M. Reclus, nous avons indiqué au moins une dizaine de points de repère (2). Inutile d'ajouter que nous avons évité d'enseigner les noms de ces divers accidents géographiques.

---

(1) M. Levasseur, dans son *Atlas élémentaire*, a fait rentrer dans une série de figures géométriques les cartes des cinq parties du monde.

(2) En voici l'énumération : 1° le cap Gris-Nez; 2° le cap de la Hague et la pointe de Barfleur; 3° la pointe Saint-Mathieu; 4° l'embouchure de la Gironde, 5° le golfe de Gascogne; 6° le cap Cerbera: 7° la baie de la Ciotat et la rade de Toulon ; 8° le lac de Genève, etc.

3. *Les cartes de l'élève sur l'ardoise.* — Nous ne recommanderons jamais trop à nos élèves de faire de nombreux croquis en étudiant leur leçon. Il faudra qu'ils se servent de l'ardoise à maintes reprises et qu'ils arrivent à reproduire de mémoire la carte qui leur a été dessinée en classe. On leur fera toutes les corrections nécessaires, ce qui est chose facile sur l'ardoise. La clarté de la reproduction croîtra avec la répétition ; ne ménageons donc pas notre peine. Rappelons-nous toujours qu'une leçon de géographie, apprise en lisant et en récitant, s'oublie en quelques jours, et que cette même leçon, étudiée en exécutant des croquis, ne s'oublie plus si l'élève est parvenu à les faire de mémoire.

4. *Les cartes de l'élève au tableau noir.* — *Les cartes muettes.* — Indépendamment des exercices sur l'ardoise, nous exigerons des cartes au tableau noir, car il est indispensable de développer, par tous les moyens possibles, le goût de la cartographie. Nous avons déjà dit, à propos de la récitation de la leçon, que le maître devait faire exécuter par l'élève qu'il interrogeait un tracé plus ou moins exact du pays étudié. Ce tracé ne renfermera tout d'abord que les contours et les massifs montagneux ; ce sera une véritable carte muette que l'enfant complétera, en y inscrivant les détails contenus dans ses réponses. Indiquons encore deux autres exercices, qui nous semblent devoir être très profitables :

1° Un élève exécute au tableau un croquis renfermant toute la matière d'une leçon. Le maître ou un autre élève corrigent ensuite. La carte sera recommencée plusieurs fois s'il le faut ;

2° Deux élèves de moyenne force font un même croquis. Leur tâche étant terminée, on invite deux de leurs camarades à vérifier l'exactitude du tracé et le maître rectifie en dernier lieu. C'est un exercice qui entretient beaucoup d'émulation dans la classe. Et d'ailleurs, nous regrettons vivement de ne pouvoir reproduire ici quelques spécimens de devoirs ou de composition, afin de montrer les résultats satisfaisants qu'il est possible d'obtenir en matière de cartographie avec nos sourds-parlants.

Il nous resterait à parler des exercices carthographiques, faits avec les *cartes muettes*. Nous nous hâtons de déclarer que nous n'en sommes pas partisan, et que nous ne voyons pas bien les avantages qu'ils procurent à l'élève! Apprendront-ils à ce dernier la configuration du pays? Non, puisqu'elle est généralement toute indiquée, de même que la position des principales villes. L'obligeront-ils à faire un effort personnel, en égard à la justesse des proportions, à la position des divers accidents de terrain? Pas plus; le seul avantage de ces exercices est donc d'obliger l'enfant à se rappeler quelques noms géographiques. Envoyons-le plutôt au tableau; demandons-lui de tracer les contours de la France, par exemple; de placer à l'intérieur les principaux massifs montagneux; d'indiquer la situation des villes connues... Ce travail ne le force-t-il pas à se souvenir de la configuration du sol, de la position relative des lieux et enfin, des noms de ces derniers, le seul profit qu'il retirait de l'usage des cartes muettes. Que le maître se serve de celles-ci, après avoir exposé sa leçon, dans le but de s'assurer s'il a été écouté et compris : nous le lui conseillons. Mais qu'il emploie des *cahiers d'exercices carthographiques*, cela ne nous semble pas nécessaire. Le tableau noir obligera nos élèves à parler; les cartes muettes les abandonnent trop à eux-mêmes. Il y a peut-être la dictée de noms géographiques qui semble facilitée par leur emploi; mais elle se fait tout aussi bien au tableau noir qui, nous le répétons, réunit tous les avantages de ces cartes, sans en avoir les inconvénients.

VII. — LE MATÉRIEL GÉOGRAPHIQUE

Si le tableau noir a été notre grand moyen d'enseignement, nous n'avons pas négligé pour cela tout le matériel géographique dont nous pouvions disposer. Quels sont donc les *objets de première nécessité* qui s'imposent dès le début de l'enseignement, si simple soit-il? Nous trouvons :

1° La *boussole*, employée dans les premiers exercices d'orientation ;

2° Un *globe*, que nous choisirons le plus gros possible ;

3° Les *cartes murales* dont il nous semble inutile de démontrer la nécessité. L'Institution de Paris, ayant ajouté l'excellente collection de M. Vidal-Lablache à celle qu'elle possédait déjà, s'en trouve suffisamment pourvue.

Il y a quelque dix ans, les cartes peintes sur les murs des salles de classe étaient en vogue aussi bien dans les établissements de l'enseignement secondaire que de l'enseignement primaire. Nous reconnaissons à ce système pas mal d'inconvénients. D'abord, pour rendre ces cartes lisibles à dsitance, on était forcé de leur donner des dimensions exagérées ; faute d'espace, on se contentait dès lors des croquis indispensables. De plus, étant dessinées par les élèves eux-mêmes, autant qu'il nous en souvient, elles avaient de l'attrait tant que le dernier coup de pinceau n'était pas donné, mais par la suite, on ne les regardait qu'à peine et toujours avec indifférence. Il aurait fallu blanchir les murs chaque année et recommencer le travail. Mais ne trouvez-vous pas que tout cela devait occasionner une perte de temps assez considérable, et que les heures ainsi dépensées auraient pu être consacrées à l'enseignement géographique d'une façon plus profitable, la craie et le tableau noir étant employés de préférence ;

4° Les *cartes murales muettes* dont nous parlions précédemment ;

5° Les *cartes en relief*, qui ont, il est vrai, l'inconvénient de coûter très cher. Il est un *atlas en relief*, de publication récente (1), qui pourrait les remplacer avantageusement, malgré ses petites dimensions. Lorsque, pour la première fois, nous avons présenté plusieurs cartons de cet atlas à nos élèves, les arriérés ne purent tout d'abord saisir la différence

____

(1) Bertaux, éditeur, 25, rue Serpente, Paris.

qui existait entre ces reliefs et les hachures ou teintes bistres servant à les représenter sur les cartes ordinaires. Nous avons pu remarquer dès lors que le gros trait noir qui, sur leur cahier de leçons, désignait les montagnes, ne leur disait pas grand chose. Pour la représentation graphique des fleuves, des rivières, même indifférence, même ignorance et, cependant, les explications n'avaient pas manqué. Mais, après que nous leur eûmes fait suivre, sur la carte en relief, le fleuve naissant dans la montagne, descendant les pentes, coulant au fond de la vallée pour enfin traverser les plaines et se jeter à la mer, la lumière se fit dans leur esprit; et nous fûmes véritablement satisfait lorsque l'un d'eux, remarquant une teinte blanche aux sommets de l'Himalaya, nous dit : « Il y a ici des neiges perpétuelles » ;

6° Les *maquettes* : elles comporteront entre autres un relief du pays natal ; ce sera pour nous celui de Paris et de ses environs. Le regretté M. Goguillot conseillait également un relief pour l'étude de la topographie de l'Institution. Il serait composé de pièces mobiles reposant sur un plan « où leur place respective serait indiquée par un tracé des contours de chacune d'elles. Après avoir montré à nos élèves l'ensemble de la maquette, il suffirait de retirer chaque pièce du plan sur laquelle elle repose, pour trouver un tracé qui constituerait une véritable carte planimétrique. »

L'emploi des maquettes nous parait avantageux, de même que celui des cartes en relief, car les unes et les autres se rapprochent davantage du fait, de la réalité. Mais nous pensons qu'il faut les utiliser seulement comme moyen de récapitulation devant surtout profiter aux arriérés. Cela nous permettra, pour le cours de première année (en cinquième), de compléter l'enseignement des termes géographiques ; car, parmi ceux-ci, il en est d'omis, volontairement ou involontairement. Nous ferons donc en cinquième année (1) une leçon de clôture avec ces maquettes et, en sixième année, une leçon

(1) Rappelons ici que l'enseignement géographique, à l'Institution de Paris, se donne à partir de la cinquième année d'études et que la durée de la période scolaire est de 8 années.

de revision, alors que nous reprendrons dans ses grandes lignes le programme de l'année précédente.

Qu'on veuille bien nous permettre d'ouvrir une parenthèse et de résumer ici en quelques mots la marche suivie. Dès le début, nous faisons entrer nos élèves dans le domaine de la science géographique, en nous conformant à la méthode intuitive ; aucune définition n'est donnée et cependant que de notions nouvelles ne vont-ils pas acquérir La forme des définitions reste inconnue, il est vrai, mais les idées en sont parfaitement saisies ; dès lors, avec les cartes en relief et les maquettes, quoi de plus simple que de reprendre ces mêmes idées, que d'expliquer, l'œil aidant, ces termes dont plus tard l'enfant lira les définitions. Nous n'avons qu'à rapprocher les maquettes, où les accidents géographiques sont rassemblés mais fictifs, des cartes murales où ils sont une copie exacte de la réalité. La comparaison se fera dans l'esprit de nos élèves et, si des idées fausses avaient pris naissance, si des doutes subsistaient, ils ne tarderaient pas à disparaître.

Ainsi donc, nous nous limiterons aux *définitions par l'œil* pour la fin de la cinquième année et le commencement de l'année suivante. Dès lors, nous pourrons mettre en les mains des enfants les traités et les atlas classiques ; ils étudieront facilement tout ce qui concerne l'explication des termes géographiques ; le maître n'aura que fort peu à intervenir et notre enseignement correspondra véritablement à celui des Écoles élémentaires ;

7° Les *atlas* et *traités de géographie :* ils sont nombreux ; le maître n'a qu'à bien choisir... s'il en reconnaît la nécessité pour ses élèves. Personnellement, nous pensons qu'un livre de géographie est inutile durant la première année du cours ; on peut en autoriser l'usage pour la seconde année (1), mais nous ferons remarquer que ce n'est pas sans inconvénient. D'ordinaire, les cartes qu'il renferme sont synoptiques ; elles donnent à la fois des renseignements de toute nature et sont

---

(1) Nous croyons pouvoir indiquer les traités dus à MM. Lemonnier et Shrader, ouvrages rédigés sur un plan nouveau et renfermant des cartes d'une grande clarté.

utiles pour les recherches. Mais notre élève est peu exercé encore; son attention, souvent légère, est partagée et il arrivera que l'enfant s'occupera de tout autre chose que de l'objet de la leçon.

Nous avouerons cependant que pour les exercices cartographiques l'atlas est utile, bien qu'il y ait la carte du professeur au tableau noir et la carte murale. Le maître pourra en avoir plusieurs à sa disposition ; il les remettra à ses élèves en temps opportun et leur apprendra à les consulter.

Si nous montrons si peu d'empressement à nous servir du texte-atlas, c'est que nous nous en défions. Le livre, « cette machine à paroles, à récitation », a dit le P. Girard, n'est rien ou peu de chose en géographie. Souvent même c'est un obstacle. Et que d'écueils pour le maître! Ce sera d'abord cette étude des pays par bassin fluviaux. « Rien n'est plus faux, écrit M. Paquier, que cette prétendue division du sol en autant de parcelles territoriales qu'il y a de régions arrosées par un fleuve et ses affluents. Elle ne s'appuie sur rien d'exact et n'est d'aucune utilité pratique. Par exemple, elle laisse dans l'esprit de l'élève des idées fausses et malheureusement durables (1). »

Nous trouvons plus logique aussi de ne pas nous conformer rigoureusement à l'ordre généralement admis dans l'étude d'un pays, à savoir: géographie physique, géographie politique, chemins de fer, agriculture, industrie... etc. Cette méthode analytique, nécessaire pour un cours supérieur de géographie, ne cadre pas avec notre modeste enseignement élémentaire. Nous ne voyons aucun inconvénient à donner à nos élèves, en même temps que les cours d'eau et les massifs montagneux d'une contrée, quelques noms de ville,

---

(1) Avec cette façon de procéder, « on morcelle ce qui ne devrait jamais être séparé, on associe ce qui ne devrait jamais être rapproché Où trouvons-nous des cours d'eau plus étroitement unis entre eux, soit par la configuration du sol, soit par l'histoire même des événements auxquels ils sont mêlés que les affluents de rive droite de l'Adour et ceux de la rive gauche de la Garonne par exemple? Par contre, nous ne voyons aucun rapprochement à établir entre les affluents de la Garonne (rive droite) descendus les uns des Pyrénées, les autres de la région des Cévennes et à plus forte raison entre la Garonne et la Dordogne !

(M. Paquier, auteur déjà cité.)

quelques notions sur l'agriculture et l'industrie. De la sorte, les leçons sont moins monotones et intéressent davantage l'enfant. Et même, en dehors de ces récits spécialement consacrés à la science géographique, que de notions concernant la description de la terre ne pourrons-nous pas donner à nos élèves, si nous savons mettre à profit les circonstances ! Mais, laissons à ce propos la parole à Elisée Reclus, l'éminent géographe que l'on sait : « Je me garde bien de repousser l'étude de l'étroit milieu dans lequel se trouve l'enfant. Il est bon qu'il se rendre compte de tout, mais chaque chose de cet étroit milieu le transporte dans le monde infini. Il a son ardoise devant lui : il est bon qu'il en connaisse la place et les dimensions ; mais il est bien plus important qu'il sache ce que c'est, et voilà que l'instituteur parle des carrières et des montagnes stratifiées, et des eaux qui ont déposé des molécules terreuses, et des roches dont le poids les a durcies. Il est assis sur un banc, le banc a trois mètres de long, je le veux bien, mais ce banc est en chêne — et nous parcourons en imagination les grandes forêts de France ; — ou en sapin, et nous voici gravissant les montagnes de la Norvège. Et que de voyages, que d'excursions dans l'espace, que de conversations amusantes sur les pierres et les clous des maisons, sur les fleurs du jardin et le ruisseau du village. La géographie vient en même temps, mais sous forme vivante. »

Autre abus, que nos atlas semblent encourager. Que de fois ne nous a-t-on pas fait réciter la liste des départements avec préfecture, sous-préfectures et autres villes. Et quels avantages nos élèves retireraient-ils si nous exigions d'eux le même travail ? Qu'il soit consacré aux départements une carte spéciale dans l'atlas, avec un tableau succinct à côté : rien de mieux. Mais que la carte et le tableau servent à être consultés et non à être appris par cœur : il y aura tout bénéfice pour le maître et pour l'élève (1).

(1) « Nous admettons, dit encore M. Paquier, la nomenclature par départements avec les préfectures ; mais, pour les sous-préfectures, nous demandons très nettement leur mise à l'écart et leur suppression. Nous les remplacerions avec succès par les villes industrielles et commerçantes qui, depuis un siècle, ont surgi un peu partout en France et dans lesquelles semble se personnifier la fortune

Nous pouvons joindre à cette énumération un certain nombre d'autres objets faisant également partie du matériel consacré à l'enseignement de la géographie. Mais nous nous hâtons d'ajouter qu'ils ne sont pas indispensables : les *globes en relief*; les *globes noirs*, c'est-à-dire ardoisés et muets ; les *tableaux ardoisés* donnant les contours et les divisions politiques des pays. Pour ce qui est des globes en relief, il est évident que la représentation exacte sur une aussi petite échelle est très difficile à obtenir. Quant aux tableaux ardoisés et aux globes noirs, il nous semble que conseiller leur emploi serait supprimer l'initiative du maître.

Signalons aussi un *paysage en relief*, renfermant tous les accidents géographiques qu'il est possible de grouper ; puis des *panoramas* en couleurs et à côté le plan, la carte de tout le pays représenté. De la sorte, on pourrait avoir pour une même parcelle de terrain : 1° un modèle en relief ; 2° une vue en perspective et enfin, 3° une carte.

Il sera bon d'exercer nos élèves, dans leur dernière année d'études, à la lecture des *Cartes d'État-Major*; c'est aussi cette époque que nous choisirons pour leur montrer des appareils cosmographiques, tels que le *Tellurium* pour la démonstration des mouvements de la terre et de la lune, les *Systèmes planétaires*... etc. Nous ne parlons ici que d'exercices à faire dans les derniers mois du cours d'études ; à l'Institution de Paris, la Cosmographie ne fait pas partie — et avec raison — des programmes de géographie des cinquième, sixième et septième années.

Il y aurait bien encore une *Rose des Vents*, mais chaque professeur peut la tracer lui-même sur le parquet de la classe ou en confectionner une qu'il fixerait au plafond.

---

même ou la prospérité du pays ; — sans oublier les localités historiques qui rappellent un événement connu. Dans la Nièvre, Château-Chinon et Cosne m'importent peu, mais je tiens à faire connaître Fourchambault et Decize. Dans la Saône-et-Loire, que me fait Louhans en face du Creuzot et de Romanèche ? Dans la Haute-Saône Lure en face de Luxeuil et de Ronchamp ? » Ainsi les villes nouvelles pour lesquelles M. Paquier réclame le droit de cité, « au détriment de ces bourgs pourris qui mentent à leur réputation », nous parleraient de notre histoire, de notre commerce, de nos richesses industrielles.

VIII. — Les jardins géographiques

Le paysage en relief, que nous signalions précédemment, nous a remis en mémoire les géoramas et les jardins géographiques.

Le géorama, on le sait, est une représentation en relief, sur une échelle plus ou moins grande, d'une portion ou de l'ensemble de la terre. Il ne faut toutefois pas confondre le géorama avec la carte en relief: la carte en relief est une véritable carte sur laquelle on peut étudier sérieusement la topographie d'un pays, tandis que le géorama qui vise généralement à reproduire d'une façon pittoresque l'aspect physique du sol, des cultures, des forêts, des rivières, des lieux d'habitation... etc., relève de la fantaisie plus que de la science. Nous nous permettrons de signaler, dans le Dictionnaire de Pédagogie publié sous la direction de M. Buisson, la curieuse description d'un géorama construit par un instituteur italien Rien n'a été omis par l'inventeur, pas même la production de nuages artificiels. L'auteur de cette description continue: « Quelques amateurs d'horticulture se sont amusés à représenter dans leur jardin les continents et les océans au moyen de carrés et de plates-bandes plus ou moins fantastiquement découpés, hérissés de fiches en bois peint marquant la position des villes et rayés de petites haies de buis figurant les chaînes de montagnes. Nous avons visité une de ces prétendues représentations de la terre et nous en avons remporté l'impression qu'on éprouve devant une plaisanterie de mauvais goût. Tous ces procédés artificiels vont à l'encontre du but que doit se proposer un bon enseignement de la géographie et n'ont rien de commun avec la méthode intuitive et la leçon de choses. Voulez-vous familiariser l'enfant avec les premières notions géographiques? conduisez-le dans la campagne et dites-lui d'ouvrir les yeux: le véritable géorama, c'est tout ce qui l'entoure. »

IX. — LE MUSÉE DE GÉOGRAPHIE. — LES PROJECTIONS LUMINEUSES

La géographie, par cela même qu'elle s'occupe à la fois de tout ce qui concerne la terre et l'homme, est une science encyclopédique. Tout ce qui relève de l'histoire naturelle en général, de la zoologie, de l'astronomie, de la physique, de la chimie, des sciences agricoles et commerciales, comme aussi de l'archéologie, de l'ethnographie... etc., lui appartient, du moins quant aux objets tangibles et matériels. « Elle en est distincte néanmoins, écrit M. Foncin, parce qu'elle applique toutes les notions dout elle s'empare à un objet déterminé, la description de la superficie du globe. Ayant à représenter le monde en raccourci, elle résume et condense tout le savoir humain. Mais elle n'invente rien ; elle se contente de comprendre, de classer et de peindre. »

Etant donnée la diversité des éléments auxquels elle s'adresse, il nous paraîtrait intéressant de constituer avec eux un véritable musée, le MUSÉE DE GÉOGRAPHIE. On y verrait réunis :

1° Tous les objets qui composent le matériel proprement dit ;

2° Gravures (1) ou estampes, peintures, *photographies*, lithographies, représentant des paysages, des vues, des sujets d'ethnographie ou d'histoire naturelle (2) ;

(1) Mentionnons l'intéressante collection Hément que possède l'Institution de Paris ; la plupart des paysages paraissent n'avoir rien de fictif et semblent une copie exacte de la réalité. La troisième série de la collection Walther, de Berlin, pourra également nous rendre quelques services. Puisque nous parlons de l'Institution de Paris, nous dirons qu'une salle vient d'être consacrée spécialement à l'enseignement de l'histoire et de la géographie. Le matériel ainsi que les collections de cartes et de gravures nécessitées par l'étude de ces sciences s'y trouvent déjà réunis. Nous sommes persuadés que cette création réalisera, dans une avenir qui ne nous paraît pas très éloigné, les vœux que nous émettons dans ce chapitre, principalement en ce qui concerne l'enseignement par l'aspect. Au Musée scolaire, qui se complète de jour en jour, viendra s'ajouter le Musée géographique, non moins digne d'intérêt.

(2) Tableaux d'histoire naturelle de Deyrolle ; musée industriel de Dorangeon, de Deyrolle ; tableaux ethnographiques de Lehmann ; tableaux zoologiques de Leutemann, etc.

3° Collections etnographiques, figurines permettant de saisir la structure humaine, l'habillement, les mœurs de chaque peuple du globe (3);

4° Produits agricoles et industriels, classés par région;

5° Collections de vues pour PROJECTIONS. Ce serait instruire en amusant et compléter au mieux l'enseignement du maître que de faire de temps en temps à nos élèves des conférences accompagnées de projections. Les sujets choisis nous permettraient de leur montrer les races humaines, les costumes, les vues des principales villes de France, des régions curieuses de notre pays, des grands phénomènes de la nature, des industries de l'Europe et du monde entier. Ce serait en un mot une reproduction par l'image du grand livre de la nature : quoi de plus intuitif et de pratiquement réalisable! L'idéal, a-t-on dit, serait d'étudier la terre en voyageant; puisque de longtemps encore ce ne sera pas du domaine des choses possibles, n'hésitons pas, en attendant, à utiliser toutes les ressources de l'intuition. Et d'ailleurs, l'aspect n'est-il pas la chose la plus sûre en matière d'éducation? Il rend l'instruction compréhensible, intéressante, attachante. Plus l'enfant étudie, considère, examine en se jouant, plus le fond d'idées est solide et par suite durable.

S'il est vrai qu'avec nos jeunes sourds la leçon orale se grave dans l'esprit uniquement par les yeux, il est exact aussi que chez les élèves entendants la vue joue un rôle prépondérant. C'est ce qui explique l'importance que l'on accorde aujourd'hui à l'enseignement par l'aspect et en particulier aux projections lumineuses. Et qui pourrait les égaler pour aider la mémoire par l'entremise de la vue? Un musée scolaire n'est pas si riche que de nombreuses choses n'y fassent défaut. « Et d'ailleurs, si les objets usuels y figurent, ils ne servent de rien pour reconstituer devant les imaginations une scène historique, un paysage, une expérience. Acheter des livres copieusement illustrés! C'est coûteux. Faire

<hr>

(3) Nos élèves auront intérêt à visiter le Musée ethnographique du Trocadéro, le jardin d'Acclimatation et le jardin des Plantes.

circuler des gravures, des illustrations? C'est cher également, et puis l'imagerie scolaire est encore à l'état d'enfance. Dessiner au tableau ce que l'on veut exposer, raconter, rendre parlant et vivant? Ce n'est pas à la portée de tout le monde : on ne devient pas artiste! » C'est donc principalement à la lanterne magique que revient le rôle de vulgariser les connaissances indispensables et de les fixer à jamais dans le souvenir.

Les enfants de nos écoles, les adultes des cours du soir jouissent, à l'heure actuelle, des bienfaits de cet enseignement, grâce à la *Société de l'enseignement par l'aspect* (1), fondée au Havre en 1880 par un instituteur, M. Serrurier, et qui a pris racine dans quatre-vingts départements, en Algérie, en Tunisie... etc. (2).

Cet enseignement par les yeux n'est pas limité aux Écoles élémentaires, aux lycées et aux Facultés. Le grand public des conférences en bénéficie lui aussi. Voulez-vous quelques exemples? Tout dernièrement, c'était au mois de juillet 1892, le lieutenant de vaisseau Mizon faisait devant la Société de Géographie commerciale, un récit de son voyage du Niger au Congo. « Cette conférence, lisons-nous dans un compte rendu d'alors, était illustrée de projections choisies avec soin et vraiment curieuses. »

« Nos colonies sont peu connues, écrit un autre narrateur; frappé de ce fait, M. Alfred d'Aunay a eu l'idée de grouper sous le titre de *Voyages aux colonies françaises* toute une série de vues photographiques de nos principales possessions et de les faire défiler sous les yeux des spectateurs à l'aide de projections Molteni. Il y a là un enseignement populaire de la géographie des colonies qui mérite d'être encou-

(1) Société d'Initiative pour la propagation de l'enseignement scientifique par les projections photographiques-lumineuses. Elle met gratuitement ses collections à la disposition du personnel enseignant. Nous comptons dans son catalogue plus de 40 collections ayant trait à la géographie et chaque collection renferme en moyenne vingt-cinq vues. Dans un espace de dix-huit mois, plus de 30,000 vues ont été prêtées.

(2) Nous croyons devoir ajouter que la Société de l'Enseignement par l'aspect a aidé à la création de Sociétés similaires en Belgique, en Suisse, en Autriche et en Amérique.

ragé, d'autant plus *qu'il est présenté sous une forme attrayante.* »

Le 24 novembre de chaque année, les élèves de l'Institution nationale des sourds-muets de Paris fêtent l'anniversaire de la naissance de l'abbé de l'Épée. Le soir, une soirée amusante leur est donnée. Savez-vous quel est le numéro du programme qui excite au plus haut point leur admiration ? C'est précisément celui qui comporte les projections lumineuses, à l'aide desquelles le prestidigitateur fait accomplir « un voyage merveilleux dans les cinq parties du monde », par exemple, à son jeune auditoire.

Nous arrêterons là les nombreuses citations que nous pourrions produire en faveur de l'idée que nous préconisons, et nous formons le vœu que tous nos jeunes sourds soient bientôt mis à même de jouir des avantages d'un procédé d'enseignement que l'on peut à bon droit, dans leur cas particulier, considérer comme leur étant indispensable.

X. — Voyages fictifs et excursions géographiques

Avant de terminer notre étude sur les procédés d'enseignement, nous croyons devoir dire un mot des voyages fictifs et des excursions géographiques qui permettent au professeur de faire d'excellentes leçons de récapitulation, principalement à la fin de l'année scolaire.

Pour compléter les explications orales, nous avons signalé précédemment la lecture de la carte murale, l'emploi des maquettes, les exercices cartographiques et aussi les projections. Viendront alors les voyages sur la carte, les *voyages fictifs*. Une fois les premières notions posées sur la géographie physique, et après que la carte du pays étudié est bien possédée de l'élève, il n'y a pas pour lui de joie plus grande que celle d'un long et curieux voyage entrepris sur les rivières, les canaux, les chemins de fer de France et d'Europe ; sur les mers, pour se rendre aux colonies françaises ou dans les contrées avec lesquelles nous sommes le plus en relation. Les nombreux plans des voyages circulaires par voies ferrées permettront au maître de mettre à l'épreuve l'intelligence de l'enfant, ses connaissances acquises et la première étude qu'il aura faite du sol.

A ces voyages en imagination viendront s'ajouter de véritables *excursions géographiques*. Nous ne les conseillons pas seulement dans le but de préparer nos leçons, mais aussi pour compléter, d'une façon pratique, l'étude du programme faite en classe. Indiquons à ce sujet deux exercices dont nous n'avons eu qu'à nous louer : à plusieurs reprises, et connaissant l'itinéraire de la promenade, nous avons conseillé à nos élèves de dessiner la portion du plan de Paris ou des environs qu'ils allaient explorer et d'emporter ce croquis avec eux; puis, sur le parcours, ils marquaient d'un signe convenu les monuments, les statues, les accidents de terrain qui avaient attiré leur attention. Le jour suivant nous nous faisions raconter la promenade et nous engagions avec eux une causerie intéressante et fort instructive. Une autre fois, et cela le lendemain d'une promenade, nous demandions un tracé de l'itinéraire suivi, tout en ne négligeant pas les questions sur les particularités des quartiers visités. Nos élèves avaient vu, un jour, la Seine, les quais, les produits débarqués ; un autre jour, le Bois de Boulogne et le Mont Valérien... Il nous était possible dès lors de nous assurer que les quelques notions fournies sur les termes géographiques étaient gravées d'une façon solide dans leur esprit.

Il pourra nous être objecté que le professeur ne rencontrera pas dans les localités qui avoisinent l'Institution de son élève une diversité d'accidents de sol telle qu'il puisse passer en revue tous les termes nécessaires à la compréhension de la science géographique. Sans aucun doute; mais dans ce cas, il doit s'ingénier à trouver des moyens de démonstration, qui viendraient suppléer à la pénurie des accidents naturels; dans l'enseignement primaire, ces derniers sont vivement recommandés. Le matériel d'enseignement et d'éducation prescrit par les Règlements de 1887 pour les Écoles maternelles comporte entre autres : *du sable pour les exercices géographiques et les constructions, soit au préau, soit dans la cour* ».

Ne négligeons pas de donner à chacun de nos élèves, au moment de son départ en vacances, l'*itinéraire de son voyage*. C'est un travail d'une portée tout à fait pratique et qui leur apprendra à se servir des indicateurs. Si l'un d'eux se rend à Bordeaux, le professeur énumèrera les principales gares du parcours, sans oublier les renseignements concernant les grandes industries, les productions naturelles et l'aspect physique du pays traversé. Les grands arrêts, la durée du trajet... etc., tout cela doit être signalé et une carte viendra à l'appui des explications du maître. Les autres élèves, guidés par ce modèle, s'efforceront d'exécuter le même travail, chacun en ce qui le concerne. S'agit-il d'une ligne secondaire, on aura soin d'attirer l'attention des enfants sur les changements de train, par exemple. En un mot, nous n'omettrons aucun des détails que doit connaître un voyageur et que, faute d'expérience, nos élèves ignorent encore.

Enfin, pour couronner les études, il pourrait être fait des *voyages* à la fois instructifs et récréatifs, comme cela se pratique avec les élèves des Écoles normales primaires et ceux des Écoles de la ville de Paris. La seule objection qui nous peut-être faite — elle est malheureusement trop fondée — c'est que ces voyages sont coûteux ; aussi, n'insistons-nous pas davantage.

Ici se termineront nos observations sur la méthode à suivre dans l'enseignement de la géographie. Etudiée en se conformant au plan que nous avons essayé d'esquisser, il nous semble que cette science captivante, et qui parle surtout à l'imagination, se dépouillera de cette aridité, de cette monotonie qui se dégage à la lecture des traités en usage autrefois. « On se demande souvent, écrit M. Fr. Shrader, pourquoi la géographie est désagréable à ceux qui l'apprennent et pourquoi, dès qu'ils ne sont plus forcés de l'apprendre, ils la rejettent comme l'estomac rejette une nourriture inassimilable. L'arithmétique? ils y mordent. La physique? elle les « amuse ». L'histoire? elle les intéresse. Quant à la pauvre géographie, elle est, à l'unanimité moins quelques voix, déclarée insupportable. Suivons cependant les enfants en dehors de l'école, à l'heure où ils peuvent se délasser et prendre un livre de lecture. Est-ce un ouvrage de physique qu'ils prendront? Un livre d'histoire? De chimie? De grammaire? Non, mais des voyages de découvertes, des descriptions d'îles désertes, des climats lointains, de luttes contre le froid du pôle, contre le sable et la sécheresse du Sahara; des « Robinsons », c'est-à-dire l'homme aux prises avec la nature terrestre, c'est-à-dire, en somme, de la géographie. Et dans leur imagination, pendant cette lecture, surgiront des rêves grandioses, des immensités sablonneuses, des vagues croulantes, des cieux sillonnés d'éclairs, des savanes à perte de vue, de longues avenues de palmiers. Voici donc deux faits qui semblent inconciliables: d'une part, la géographie est la science qui renferme le plus d'éléments parlant à l'imagination, d'autre part, elle inspire un mortel ennui à ceux qui l'apprennent. C'est tout simplement parce qu'ils ne l'apprennent pas: ils apprennent à sa place quelque chose de sec, de fragmenté, de vide, absolument comme ils feraient s'ils bornaient leur étude de l'anatomie à une simple énumération des os .»

TROISIÈME PARTIE

—

PRATIQUE

I — De la théorie à la pratique. Quelques leçons

Joignant la pratique à la théorie, il nous a semblé nécessaire de citer plusieurs leçons présentées à nos élèves durant la première année d'enseignement géographique. Grouper ici toutes celles que permet de faire le programme nous entraînerait trop loin. Nous avons donc choisi quelques résumés correspondant aux grandes divisions de ce programme ; c'est ce qui fera l'objet de la dernière partie de notre travail.

1ᵉʳ RÉCIT. — Les grandes gares de chemin de fer de la capitale

Il y a deux ans, j'ai conduit G... à la *gare d'Orléans*; le chemin de fer d'Orléans se dirige vers le sud de la France.

Votre ancien camarade T... était de Nîmes. Pour se rendre chez ses parents, il prenait le train à la *gare de Lyon*. Il voyageait sur les chemins de fer de Paris-Lyon-Méditerranée, qui conduisent dans l'Est et dans le Sud de notre pays.

Chaque année, je passe mes vacances en Normandie, dans l'Ouest de la France. Je peux partir par la *gare Saint-Lazare* ou par la *gare Montparnasse*. J... prend aussi le train à cette dernière gare pour se rendre en Bretagne, à Douarnenez.

On va en Alsace-Lorraine par la *gare de* l'Est ou gare de Strasbourg. L'Alsace-Lorraine est située en effet à l'Est de la France.

La mère de M... habite le Nord de notre pays; elle est d'Amiens. Aussi, pour aller la voir, votre camarade prend le train à la *gare du Nord*.

Lorsque les parents de L.. habitaient Saint-Mandé, il pouvait aller chez eux en prenant le train à la *gare de Vincennes*, sur la place de la Bastille. Le chemin de fer de Vincennes se dirige vers l'Est, dans les environs de Paris, alors que le chemin de fer de Sceaux — *gare de Sceaux* — se dirige vers le sud de la capitale.

Que de renseignements nous avons pu fournir à nos élèves en leur présentant cette leçon: G...! d'où es-tu? A quelle gare prends-tu le train pour te rendre chez tes parents? A quelle heure as-tu pris le train aux vacances dernières? Combien as-tu payé pour ton billet? Combien de temps es-tu resté en chemin de fer? Quelle est la longueur du parcours? Avais-tu pris une voiture de seconde ou de troisième classe? As-tu changé de train? Qu'as-tu remarqué sur ta route?...

Le récit que nous donnons ci-dessus ne contient donc que les points principaux sur lesquels nous avons appelé l'attention des enfants tout en dialoguant avec eux; mais, par les questions qui précèdent, on voit tout le développement dont il est susceptible oralement. Le plan de Paris, que nous avons tracé au tableau noir, nous a permis de désigner l'emplacement des grandes gares dont il était question. De plus, sur une carte de France, déjà étudiée à propos du pays natal, et qu'un élève avait été heureux de reproduire de mémoire, nous avons indiqué la direction des grandes lignes sur lesquelles les enfants voyageaient. Nous nous promettions d'y revenir à la fin de l'année, quelques jours avant le départ en vacances, afin de leur donner tous les renseignements désirables pour un voyage en chemin de fer. C'est aussi le moment que nous avions choisi pour faire avec l'indicateur les exercices dont nous avons parlé précédemment.

2ᵉ RÉCIT. — Les collines et les montagnes

En allant au parc des Buttes-Chaumont, vous suivez la rue de Belleville. Là, vous êtes vite fatigués, car cette rue monte beaucoup. Arrivés au parc, vous êtes sur une hauteur, sur une *colline*.

De même, lorsque vous arrivez au pied de l'église du Sacré-Cœur, vous êtes encore sur une colline.

Montmartre et les Buttes-Chaumont sont des collines.

Le Panthéon est bâti sur une hauteur. Vous revenez quelquefois de promenade par la rue de la Montagne-Sainte-Geneviève qui va en montant ainsi que le boulevard Saint-Michel.

Des fortifications, vous apercevez le fort de Montrouge. Il est bâti sur une colline.

Vous connaissez aussi le fort du Mont Valérien. Ce mont a cent soixante mètres de hauteur.

Autour de Paris, il n'y a que des collines. En Normandie, en Flandre, dans la Bretagne, près de Bourges également. Il n'y a pas de *montagnes*,

Vos camarades A... et B... ont vu des montagnes. Celles-ci sont beaucoup plus élevées que les collines. Il y en a qui ont 2.000 mètres. 3,000 mètres de hauteur et même davantage, dix fois la tour Eiffel !

Nous avons vite remarqué que l'élève ne se rendait compte que très difficilement des accidents de terrain qu'il avait sous les yeux. Un jour, l'un d'eux voit sur le boulevard Saint-Michel un haquet fortement chargé et se rendant dans la direction de Montrouge. Arrivés à la hauteur du musée de Cluny, les chevaux s'arrêtent et ne peuvent plus avancer. Nous lui demandons pourquoi, en lui faisant observer que sur le boulevard du Palais ces mêmes chevaux allaient au trot. Il reste hésitant et n'ose se prononcer. Ce que voyant, nous nous sommes attaché à faire observer à nos élèves les diverses hauteurs qui sont dans Paris ou bien aux environs; c'est l'objet de notre premier récit sur les collines et les montagnes. Un plan de la capitale a suffi pour cela. La leçon suivante a pu dès lors être consacrée aux systèmes montagneux de notre France. Nous avons parlé des montagnes et des frontières, des glaciers, des sources, des fleuves, des forêts, des avalanches, des ascensions, des neiges perpétuelles, des pâturages et des troupeaux... etc. Non seulement la carte de France au tableau noir, mais des gravures, des photographies ont servi à éclairer nos explications. Le tracé des grands fleuves français a complété l'ensemble en nous permettant de faire suivre un cours d'eau depuis sa source jusqu'à son embouchure. Les cartes en relief nous ont avantageusement aidé.

3ᵉ RÉCIT. — **Le globe terrestre**

Le doigt est une partie de la main, et la main n'est qu'une partie du corps.

L'Institution est une partie de Paris ; Paris est une partie de la France ; la France est une partie de l'Europe.

L'Europe, à son tour, est une partie de la terre, du globe terrestre.

Vous avez vu en 1889 des sourds-muets d'Amérique.

Votre camarade B... est né en Afrique.

Il y a quelques Chinois à Paris ; ce sont des habitants de la Chine, vaste contrée de l'Asie.

On conduit à Nouméa, dans la Nouvelle-Calédonie, les assassins et les voleurs. La Nouvelle-Calédonie fait partie de l'Océanie.

L'Europe, l'Asie, l'Afrique, l'Amérique et l'Océanie sont les cinq parties du monde.

L'Europe et l'Océanie sont les deux plus petites parties du globe terrestre ; l'Afrique, l'Amérique et l'Asie sont les trois plus grandes. La plus grande de toutes, c'est l'Asie. Elle est située à l'Est de l'Europe, tandis que l'Afrique se trouve au Sud et l'Amérique à l'Ouest.

Immédiatement après avoir donné quelques notions générales sur l'Europe, nous avons abordé l'étude de la Terre, allant ainsi du proche au lointain et étendant progressivement le cercle des connaissances de l'enfant. Notre premier récit, celui que nous citons, a porté sur les divisions du globe. Nous n'avons pas cru devoir nous contenter de dessiner un planisphère au tableau ou de montrer sur un globe les cinq parties du monde. Le sourd-parlant est plus exigeant ; que de fois ne nous a-t-il pas posé des questions dans le genre de celles-ci : « Y a-t-il plus d'habitants en Europe qu'en Asie ? Pourquoi avons-nous pris l'Algérie ? Pourquoi nous battons-nous au Tonkin ?... » C'est pour le satisfaire que nous avons décrit en peu de mots l'aspect de chacune des parties de la terre, usant fréquemment de comparaisons, nous arrêtant sur les grandes colonies pour dire à qui elles appartenaient ; c'est ainsi que nous avons montré la terre européenne cultivée sur presque toute son étendue, couverte de villes industrielles ; l'immense Asie, riche au Sud et convoitée par les premières puissances de l'Europe, riche encore à l'Est et très peuplée, froide et déserte au Nord ; le continent africain, avec ses déserts, mais aussi avec son

Algérie et son Égypte; l'Amérique, hier encore couverte de forêts vierges, aujourd'hui tendant à effacer l'ancien continent par ses productions agricoles et industrielles. Nous avons ajouté un second récit sur les habitants du globe, leurs caractères distinctifs, leurs mœurs, leur instruction. Le musée d'ethnographie du Trocadéro nous a été d'un utile concours. Enfin, nous avons terminé par un entretien portant sur la terre et l'eau (*les continents et les mers, d'où vient l'eau, où elle va, où elle retourne*), sur les diverses zones ou climats... etc.

4e — RÉCIT. **La mer**

La Marne se jette dans la Seine; le Cher se réunit à la Loire.

La Seine et la Loire, deux fleuves, se jettent dans la mer. La mer est très vaste : elle reçoit l'eau de tous les fleuves.

L'eau de mer est salée; on ne peut la boire. Celle des fleuves et des rivières ne l'est pas.

Des poissons vivent dans la mer : les uns très petits, les autres énormes.

Vous connaissez la sardine, le hareng, la sole, le maquereau, la morue.

La carpe, la truite, l'anguille sont des poissons d'eau douce.

Le fond de la mer n'est pas uni; on y rencontre des collines, des vallées, des montagnes absolument comme sur terre.

Il n'y a pas de pont sur la mer. Les hommes la traversent sur des bateaux ou navires.

Autrefois on ne connaissait que le bateau à voile. On se sert de plus en plus des bateaux à vapeur qui vont beaucoup plus vite.

J'ai voyagé sur la Manche ; c'est la mer qui sépare la France de l'Angleterre.

B... a traversé la mer Méditerranée. Elle sépare la France de l'Algérie. Elle est beaucoup plus grande que la mer de la Manche.

J... est né à Poullan, sur les bords de l'Océan Atlantique. Les océans sont d'immenses mers.

Lorsque nous nous sommes entretenu avec nos élèves sur ce sujet, il était déjà connu en partie ; nous rassemblions plutôt des éléments épars ; nous mettions en ordre des idées disséminées çà et là. Nous n'avions pu nommer, en effet, dans nos leçons sur la France ou sur le continent européen, l'Océan Atlantique, la Manche ou la Méditerranée, sans causer un peu de l'immense étendue d'eau salée qui couvre les trois quarts du globe. D'un autre côté, deux de nos élèves avaient voyagé sur mer et n'avaient pas manqué d'en parler à leurs camarades. La tâche était donc relativement facile; on a vu, d'après le résumé que nous donnons ci-dessus, sur quoi a porté notre entretien. Beaucoup de points importants n'ont pu être détaillés suffisamment; ce sont autant de *leçons de choses* que nous avons faites plus tard : la pêche à la ligne; la pêche aux filets; les pêcheurs de morue, leur départ, leur longue absence, le retour et les absents; les plages et les bains de mer; les falaises, les tempêtes et les phares; les ports, les bateaux marchands et les navires de guerre; l'eau salée et le sel marin.....

Nous avons évité de parler des marées : c'est un phénomène dont les élèves de cinquième année ne se rendraient pas compte sans l'avoir vu. Enfin, l'étude du globe a permis de dire un mot des mers de glace, de l'étendue des terres et des océans.

L'exposition de cette leçon a nécessité une carte de l'Europe au tableau noir et un globe.

5ᵉ RÉCIT. — Quelques grands voyages

Charles et sa mère se sont embarqués à Alger pour Marseille. Ils ont traversé la Méditerrannée en 30 heures. Le train de chemin de fer met environ 20 heures pour franchir la distance qui sépare Marseille de Paris.

L'oncle de M. D... commande un paquebot qui va du Havre à l'Amérique du Sud en 25 jours. La France achète des peaux, des cornes d'animaux, du cuivre, des bois, des viandes conservées aux habitants de l'Amérique du Sud.

Vous savez qu'on peut aller du Havre à New-York en 8 jours. Nos bateaux y portent des meubles, des bijoux, des tissus, des jouets. Ils reviennent chargés de coton, de blé, de café, de pétrole... etc.

Les Dahoméens du Jardin d'Acclimatation mettront 15 jours pour retourner en Afrique. Ils partiront de Bordeaux.

Les soldats français qui vont au Tonkin font le voyage en 40 jours. Ils s'embarquent à Marseille.

On achète de la soie, des porcelaines, du thé aux Chinois et aux Japonais. Il faut presque un mois et demi pour se rendre chez ces peuples de l'Extrême-Orient.

Les condamnés aux travaux forcés sont conduits en deux mois à la Nouvelle-Calédonie.

Les navires français vont chercher des laines en Australie. Ils partent de Marseille et font la traversée en 45 jours.

En 1889, une dame a fait le tour du monde en 77 jours.

Nous donnons ici une véritable leçon de récapitulation, présentée alors que l'étude du programme touchait à sa fin. En effet, avant d'indiquer à un élève la durée d'un trajet donné, nous lui nommions les points de départ et d'arrivée. Puis, sur une mappemonde tracée au tableau, véritable carte muette, il devait montrer l'itinéraire suivi, donner les noms des grandes mers et des océans traversés, ceux des pays en vue, parler du climat... etc. Nous complétions dès lors en faisant connaître le temps nécessaire à l'accomplissement du voyage, et en ajoutant quelques notions sur les formes de gouvernement, les mœurs des habitants et les principales productions des pays visités. Toutefois, avant d'apprendre à nos élèves que nous allions acheter du thé et de la soie en Chine; du blé aux États-Unis, nous avions dit un mot, dans un précédent entretien, des productions naturelles de notre pays. Par des interrogations, nous avions amené les enfants eux-mêmes à trouver ces diverses productions. Nous leur avions montré ce qu'elles devenaient (elles sont vendues, consommées ou transformées ; vendues, elles circulent, tel le vin lorsque le raisin abonde; en cas d'insuffisance, au contraire, on achète à l'étranger, comme cela se pratique, par exemple, pour le blé). Les enfants saisissaient ainsi les grands principes de l'importation et de l'exportation, de la façon la plus naturelle. Cela étant, nous pouvions aborder l'étude des voies de communication en insistant sur les grandes lignes de navigation. Nous avions à notre disposition un moyen de captiver l'attention des enfants : c'était de leur apprendre ce que nos commerçants vont faire dans les régions lointaines ; c'était de leur dire ce que les navires français et étrangers importent dans nos ports.

6ᵉ RÉCIT. — La France culinaire

Le fromage de Roquefort (Aveyron) est connu du monde entier.

Sur les frontières de la Suisse, dans le Jura et dans le Doubs, on fabrique beaucoup de fromage de Gruyère. On fait aussi d'excellent fromage dans la Brie, non loin de Paris ; à Pont-l'Évêque (Calvados)...

Les meilleurs beurres viennent d'Isigny (beurre de Normandie) et des environs de Rennes (beurre de Bretagne).

Les enfants adorent les confitures de groseilles de Bar-le-Duc et les confitures de coings d'Orléans.

Dijon nous envoie du pain d'épice et de la moutarde.

Lyon et Arles vendent du saucisson renommé ; Strasbourg et Toulouse, de la saucisse.

Les pâtés de foies gras viennent de Périgueux ou de Strasbourg.

La truffe du Périgord coûte fort cher, surtout pendant l'hiver.

Pithiviers exporte des pâtés d'alouettes ; Tours, des rillettes ; Bayonne, des jambons.

Je mange parfois une poularde du Mans, une volaille de la Bresse, des tripes « à la mode de Caen », des pieds de porc de Sainte-Menehould, des escargots de Bourgogne, des prunes d'Agen, des olives de Marseille.

Les sardines viennent de Brest, de Lorient ou de Nantes.

Tous ces produits alimentaires sont très estimés.

La cuisine française est fort prisée des étrangers.

On ne sera pas surpris, après avoir lu ce récit, si nous déclarons qu'il a sa place toute marquée dans la seconde année du cours de géographie. Il suppose déjà, de la part de l'élève, des connaissances assez étendues, et les quelques phrases qu'il renferme n'ont qu'un but : résumer les nombreuses notions acquises par l'intermédiaire de leçons de choses variées, leçons de choses que les circonstances auront rendues nécessaires. Il ne nous serait pas possible, en effet, de parler de la truffe du Périgord avant d'avoir donné sur ce comestible les quelques renseignements relatifs à sa récolte et à son emploi.

Pourrions-nous parler du beurre d'Isigny si nous n'avions pas auparavant attiré l'attention de la classe sur les pâturages, sur les vaches laitières et leurs produits, enfin sur les diverses transformations de ces derniers. On le voit, ce sujet avait été préparé de longue date, ce dont nous devons nous féliciter, car, pour employer l'expression d'Émilie Ferment, l'enfant profitera d'autant plus d'une leçon spéciale qu'il sera déjà familiarisé avec l'ordre d'idées qui en est l'objet.

Si, pour terminer ce travail, nous avons tenu à présenter un récit correspondant à l'année qui suit immédiatement celle dont nous nous sommes occupés, c'est afin de bien montrer que l'esprit de la méthode qui a présidé aux débuts de l'enseignement géographique doit se continuer par la suite. Que nos leçons soient toujours de véritables leçons de choses, des « leçons de lieux », ainsi que les appellent les Américains. Plus d'énumérations longues et monotones, mais une véritable description de la terre. Exerçons la mémoire, mais évitons de la surmener. « Préparons l'enfant, dirons-nous avec MM. Lemonnier et Shrader, à apprendre ce qu'il ne peut savoir du premier coup ; offrons-lui un enseignement simple et concret ; habituons-le à regarder, pour le façonner à voir et à réfléchir. » Ayons toujours présente à l'esprit cette pensée d'un pédagogue célèbre : « L'instruction doit commencer par une observation réelle des choses et non par une description verbale. »

APPENDICE

Note A. — Extrait du programme général de l'enseignement des sourds-muets du 22 juillet 1837. — Institut royal des sourds-muets de Paris. — Géographie.

Troisième année. — 1° Introduction dans laquelle on ferait partir l'élève du point où il est, pour le conduire, de proche en proche, à la connaissance physique du globe et de ses grandes divisions en mers et en continents ;

2° Connaissance des quatre points cardinaux; leur usage; connaissance de leurs divisions ;

3° Géographie physique de la France: sa division en départements;

4° Tableau comparé de l'ancienne division par provinces et de la nouvelle division par départements.

Quatrième année. — 1° Géographie de la France ;

2° Principales productions de chacune de ses provinces;

3° Industries particulières à chacune de ses villes principales ;

4° Notions sur ce que certaines parties de la France renferment de plus remarquable : eaux minérales, carrières, mines, forêts, montagnes ;

5° Caractère des Français.

Cinquième année. — Géographie de l'Europe : 1° ses divisions par États ; noms des peuples qui les habitent ; noms des capitales;

2° Description des principaux pays de l'Europe; leurs principaux fleuves, lacs et montagnes. Leurs principales productions. Noms des villes les plus importantes de chaque État, leur principale industrie;

3° Caractères particuliers aux peuples dont on a parlé;

4° Mers de l'Europe. Les principaux caps, golfes et détroits

5° Principales îles, presqu'îles et principaux isthmes de l'Europe.

Sixième année. — 1° Description de l'Asie, de l'Afrique et de l'Amérique

2° Productions de ces parties du monde;

3° Mers qui les baignent;

4° Leurs divisions par grands États;

5° Noms, caractère et industrie des peuples qui les habitent;

6° Notions premières et générales sur la « cosmologie » et la météorologie.

(Annales de l'Éducation des sourds-muets et des aveugles, 2° année 1" volume.)

Note B. — Programmes d'enseignement (1889) de l'Institution nationale des sourds-muets de Paris. — Géographie (1). — Considérations générales.

1° L'enseignement de la géographie sera donné à partir de la cinquième année ;

2° On n'oubliera pas qu'il doit concourir à l'étude de la langue ;

3° L'intelligence des principaux termes géographiques sera donnée au fur et à mesure des besoins ;

4° Outre les cartes ordinaires, on emploiera les cartes et les globes en relief ;

5° L'élève sera exercé au dessin des cartes principales correspondant au programme de chaque année ;

6° On étudiera plus particulièrement : en cinquième année, l'Institution, Paris, la France, la Terre ; en sixième année, la France ; en septième année, la France, l'Europe et les autres parties du monde ; en huitième année, la France politique et administrative.

Cinquième année. — L'Institution. — Topographie de la classe, du corps de bâtiment dont elle fait partie, des cours et jardins de l'Institution. Situation respective des principaux corps de bâtiment. Vue d'ensemble de l'Institution. Orientation.

Paris. — Rues qui avoisinent l'Institution. Indication et tracé du chemin suivi pour se rendre à un endroit déterminé et fréquenté par l'élève en promenade. Principales voies de Paris. Parcours de la Seine à travers Paris. Ponts principaux. Situation des grandes gares de chemin de fer.

La France. — Localités avoisinant Paris et connues des élèves. Idée du temps nécessaire pour s'y rendre à pied et par d'autres moyens. Configuration générale de la France. Noms des pays et des mers limitrophes. Notions sommaires sur la géographie physique de la France.

La Terre. — Aspect général du globe. Sa division en deux éléments : la terre et l'eau. Montrer et nommer les cinq parties du monde. Principales races qui peuplent la terre. Moyens de communication entre les divers points du globe. Évaluer approximativement le temps nécessaire pour effectuer certains trajets donnés, en prenant la France pour point de départ. Donner à l'élève une idée de l'étendue de la France par rapport à celle des autres pays.

Sixième année. — Revue générale du programme de cinquième année.

La France. — Situation et bornes. Mers. Golfes. Principaux caps, îles,

(1) Le programme de géographie que nous reproduisons est en usage à l'Institution de Paris depuis l'année 1885 ; voir le numéro 11, février 1886, de la *Revue internationale de l'Enseignement des sourds-muets.*

presqu'îles, chaînes de montagnes. Fleuves et rivières : leur parcours, villes principales qu'ils traversent, embouchure, confluents. Principaux affluents. Principaux canaux. Ports importants. Départements, chefs-lieux, et villes principales. Étude plus particulière du département de chaque élève de la classe. Cette étude comportera l'explication du nom du département, des indications sur ses produits naturels ou artificiels, sur ses curiosités, sur ses personnages célèbres ; les lignes de chemins de fer qui le traversent, de petits voyages sur ces lignes en partant du lieu de naissance de l'enfant ou du chef-lieu. Emploi de l'Indicateur.

Algérie et Tunisie.

Septième année. — Revue générale de la France.

L'Europe. — Bornes. Division politique. Capitales, autres villes importantes. Principales chaînes de montagnes; Fleuves. Iles. Presqu'îles.

L'Asie, l'Afrique, l'Amérique, l'Océanie. — Situation. Grandes chaînes de montagnes. Fleuves les plus considérables. Etats importants. Mœurs.

Colonies. — Colonies françaises et grandes colonies étrangères; étudier les unes et les autres avec la partie du monde où elles sont situées.

Huitième année. — Revue générale des programmes précédents.

Notions très sommaires de cosmographie : mouvements de la terre et de la lune; pôles, équateur, méridien, tropiques, saisons.

La France. — France politique et administrative :

1° La commune, conseil municipal, maire ;

2° Le canton, collège électoral des conseillers généraux et des conseillers d'arrondissement, le chef-lieu de canton ;

3° L'arrondissement, collège électoral des députés ; chef-lieu d'arrondissement, siège du conseil d'arrondissement ;

4° Le département, collège électoral des sénateurs ; chef-lieu du département, siège du conseil général;

5° L'Etat. — Pouvoir législatif : Chambre des députés, Sénat. — Pouvoir exécutif : Président de la République, ministres. — Paris, siège du gouvernement: fonctionnaires et agents de chaque ministère, leur résidence, en partant des services s'étendant à une région, tels que : corps d'armée, ressorts, académies, préfectures, diocèses, etc., et en retournant jusqu'à la commune.

Note C. — **Extrait du programme d'enseignement concerté entre l'Institut royal de Sienne et l'Institut des sourds-muets pauvres de campagne à Milan (1). — Géographie.**

Enseignement de la deuxième classe normale ou moyenne. — Idée sommaire du ciel, de la terre et de ses parties. Notions particulières au pays ou

(1) L'Institut comprend quatre classes ou cours qui correspondent à quatre degrés d'enseignement : 1° classe préparatoire, première année; 2° première classe normale ou inférieure, seconde et troisième année ; seconde classe normale ou moyenne, quatrième et cinquième années; troisième classe normale ou supérieure, sixième, septième et huitième années.

vivent les élèves et aux régions voisines, accompágnées des indications pratiques les plus utiles.

Enseignement de la troisième classe normale ou supérieure. — Notions générales sur le ciel et les astres, la terre, et ses accidents géographiques, les cinq parties du monde et les océans, les États de l'Europe, leurs positions respectives, et plus particulièrement sur la géographie civile, agricole et commerciale de l'Italie, en y joignant des indications plus détaillées sur la province, l'arrondissement et le canton de chaque élève.

(Esquisse historique et court exposé de la méthode suivie pour l'instruction des sourds-muets de la paroisse et du diocèse de Milan, par l'abbé Jules Tarra, traduction de MM. Dubranle et Dupont.)

Note D. — Extrait du plan d'études des établissements de sourds-muets de la province du Rhin. — Géographie.

La géographie du pays natal ayant, dans la dernière année du cours d'enseignement intuitif (en quatrième année) fourni les éléments essentiels de préparation, par le lever du plan de l'habitation, par la carte des environs, on s'occupe d'achever l'œuvre en donnant aux élèves les connaissances les plus essentielles sur la terre, les parties du monde et les pays d'Europe, en particulier sur la province natale et sur la patrie, de façon à conduire l'élève à l'intelligence et à l'usage pratique des cartes.

Pour animer l'enseignement et pour accroître son utilité, on emploiera des représentations en images des villes et châteaux du Rhin, des images relatives aux diverses zones.

(De la parole comme objet et comme moyen d'enseignement dans les Institutions de sourds-muets, par M. O. Claveau, inspecteur général des établissements de bienfaisance. 1881.)

Note E. — Programme et plan d'études du pensionnat des sourds-muets de Lyon (M. Hugentobler, directeur-fondateur) comprenant huit années d'études, fait en 1872. — Géographie.

Quatrième année : La maison et ses alentours, la ville, le village que l'on habite.

Cinquième année : Le Rhône et départements voisins.

Sixième année : Géographie de la France.

Septième année : L'Europe.

Huitième année : Les quatre continents.

(Congrès universel pour l'amélioration du sort des aveugles et des sourds-muets, tenu à Paris en 1878.)

Note F. — **Extrait des programmes des écoles maternelles**
Règlement du 18 janvier 1887

Géographie. — *1° Section des petits enfants de 2 à 5 ans.* — Demeure et adresse des parents, nom de la commune. Petits exercices sur la distance relative des différentes parties de l'école. La terre et l'eau. Le soleil (le levant et le couchant).

2° Section des enfants de 5 à 6 ans. — Causeries familières et petits exercices préparatoires servant surtout à provoquer l'esprit d'observation chez les petits enfants en leur faisant simplement remarquer les phénomènes les plus ordinaires, les principaux accidents du sol.

Note G. — **Extrait des programmes des écoles primaires élémentaires**
Règlement du 18 janvier 1887

Géographie. — *1° Sections enfantines de 5 à 7 ans.* — Voir le programme. des Écoles maternelles, note F.

2° Cours élémentaire, de 7 à 9 ans. — Suite et développement des exercices du premier âge. Les points cardinaux, non appris par cœur, mais trouvés sur le terrain, dans la cour, dans les promenades, d'après la position du soleil. Exercices d'observation, les saisons, les principaux phénomènes atmosphériques, l'horizon, les accidents du sol, etc.

Explication des termes géographiques (montagnes, fleuves, mers, golfes, isthmes, détroits... etc) en partant toujours d'objets vus par l'élève et en procédant par analogie.

Préparation à l'étude de la géographie par la méthode intuitive et descriptive :

1° La géographie locale (maison, rue, hameau, commune, canton... etc.); — 2° la géographie général (la terre, sa forme, son étendue, ses grandes divisions, leurs subdivisions).

Idée de la représentation carthographique, éléments de la lecture des plans et des cartes.

Globes terrestres : continents et océans.

Entretiens sur le lieu natal.

3° Cours moyen de 9 à 11 ans. — Géographie de la France et de ses colonies. Géographie physique. Géographie politique avec étude plus approfondie du canton, du département, de la région. Exercices de cartographie au tableau noir et sur le cahier, sans calque.

3° Cours supérieur, de 11 à 13 ans. — Revision et développement de la géographie de la France.

Géographie physique et politique de l'Europe.

Géographie plus sommaire des autres parties du monde.

Les colonies françaises.

Exercices cartographiques de mémoire.

Note H. — Extrait des programmés de l'enseignement primaire supérieur. Décret et arrêté du 21 janvier 1893

Géographie. — *Première année.* — Notions générales de géographie physique. — Etude générale de la terre (mouvements, inclinaison, zones de pluie ou de sécheresse... etc). Relief du sol. Climats. Circulation des eaux courantes. Mouvements actuels du sol. Parties du monde, leur importance relative, leur situation. Globes et cartes (longitude, latitude... etc).
Étude des parties du monde : Océanie, Amérique, Afrique.

Deuxième année. — Asie, Europe : géographie, physique, politique, description des Etats.

Troisième année. — France et colonies.

N. B. — Le programme des Écoles primaires supérieures, tel qu'il existe réellement, est beaucoup plus détaillé. Nous n'avons indiqué ici que la marche générale de l'enseignement.

TABLE DES MATIÈRES

Tours, Imp. Deslis Frères, 6, rue Gambetta.

www.ingramcontent.com/pod-product-compliance
Lightning Source LLC
Chambersburg PA
CBHW061421060726
47597CB00003B/1117